Series in Arc

王仁湘　主编

MAJOR ISSUE
OF COUNTRY

国之大事
——中国古代战车与战马
Ancient Chinese Chariots and Horses

郭　物　著

文物出版社

图书在版编目（CIP）数据

国之大事：中国古代战车与战马 / 郭物著. -- 北京：文物出版社，2025.5
　　（考古与文明丛书 / 王仁湘主编）
　　ISBN 978-7-5010-8168-4

　　Ⅰ.①国… Ⅱ.①郭… Ⅲ.①战车—兵器（考古）—研究—中国—古代②军马—研究—中国—古代 Ⅳ.①K875.84

中国国家版本馆CIP数据核字（2023）第160267号

国之大事
——中国古代战车与战马

著　　者：郭　物

丛书主编：王仁湘

责任编辑：马晓雪

责任印制：王　芳

出版发行：文物出版社

社　　址：北京市东城区东直门内北小街2号楼

邮　　编：100007

网　　址：http://www.wenwu.com

邮　　箱：wenwu1957@126.com

经　　销：新华书店

制版印刷：天津裕同印刷有限公司

开　　本：710mm×1000mm　1/16

印　　张：16

版　　次：2025年5月第1版

印　　次：2025年5月第1次印刷

书　　号：ISBN 978-7-5010-8168-4

定　　价：78.00元

徜徉在文明的长河

　　文明，如同一条长河，涓滴汇溪，宽缓窄急，回旋蜿蜒，奔流不息，时有波平又浪起，时见雾涌又云蒸，景象万千。

　　文明之河悠长，如今站在长河的何处，我们其实知道也不知道。我们并不知晓河源有多远，也不知晓河流有多长，所以也不能完全明白自己的坐标在哪里。我们只是看到前后不远处的气象，更远处的景致，通常只是从文本与传说获得的印象，既不真切，也不确定，还有许多的猜测。更有文明孕育的遥远年代，许多的故事也都有待发现，有待复构。

　　我们会好奇，好奇文明长河那些未知的风景，想知道风景是怎样的妖娆，想看看色彩是怎样的斑斓？我们真惊奇，但见长河散璧遗珠，是那样典雅温润，想象中还有多少失踪的宝藏？我们也会惊叹，长河流淌过的人文情怀是如何光灿日月，我们的民族精神是怎样的不屈不挠？我们也很惊疑，长河源头究竟有多远，众里寻她千百度，还需几番探寻才能确认？我们非常向往，文明长河会流向何方，百川归海又会是怎样的气势？

　　忽如一夜东风来，考古列入国家文化建设战略，我们心中的文明之谜将会加速开解。我们的社会活跃着一批考古人，考古人回归文明长河，直入到历史层面，去获取我们已然忘却的信息，穿越时空去旅行与采风，将从前的事物与消息带给现代人，也带给未来人。

　　考古，如同一列筏子，是漂泊在文明长河上的筏子，石器美玉，彩陶黑陶，甲骨青铜，秦砖汉瓦，酒樽茶盏，丝帛锦绣，满载宝藏。这筏子上撑篙把舵的考古人，还会关注更多的细节，他们由细节驶往真实的形色历史中。与历史学家不同的是，考古人是在不同的维度上重现历史的面貌，这是立体的历史，是全真的历史。

考古人研究一式式陶器，一座座废墟，一群群墓葬，一坑坑垃圾，一组组壁画；考察大长城、大古都、大聚落、大陵墓、大运河、大丝路。考古人探索人类起源、农业起源、文明起源、国家起源、文字起源、技术发展以及文化艺术诸多课题。考古，就是研究实在的历史，复原历史的样相与色彩，寻找我们的文化根脉，重构我们的文化传统，重建我们的文化自信。

人事有代谢，往来成古今。过往与未来，都会令我们迷恋。未知的世界，都会让我们好奇。感受文明跳动的脉搏，探究文明前行的动力，明确我们的坐标，要依仗考古人。考古人带我们赏鉴和感触文明长河的浪花，让我们的心灵与过去和未来世界相通。

"考古与文明"这一个系列读本，是考古人合力扎起的一个个筏子，让我们一起登上这筏子，去展开一次次特别的旅行，到文明长河去徜徉去感悟去漂流吧！

王仁湘

目 录

"国之大事，在祀与戎"，这句话出自《左传·成公十三年》，是中国古人对国家政治生活的理解。"祀"就是一切祭祀自然、祖宗和神的活动，目的在于增强自信、振奋人心、统一思想（图 1）；"戎"就是对内对外的战争。"祀"在前，"戎"在后，说明前者比后者重要。因为前者是信心之托、力量源泉，是形而上者；后者是手段，是形而下者。用现代的话说，就是"战争是政治的延续"。二者的功效都在于保证国家繁荣昌盛、长治久安。

为什么古人会强调这两件事，而且还特别看重祭祀呢？因为国家是一个依托公共权力的统治系统，这个民众让渡的权力是以国家暴力为后盾的。在中国古代，这种暴力来自两个方面，一个就是以"天"为首包括统治阶级祖先的超自然力量。中国在此基础上逐渐形成了一套以"礼制"为行为规范的传统。简单说就是社会成员像乐器中的编钟一样，各安其本分，各司其职，

图 1 河南安阳出土商代晚期记载祭祀、狩猎等内容的占卜牛骨

不要有僭越的心思和行为（图2、3）。由于长期无意、有意的训教以及一整套不同级别的物质性的建筑空间以及其中的相关器物、衣食用度的不断确认和增强，社会的每个成员都具有这种植根心底的信仰，所以礼制对社会内部起的威慑和约束作用是极大的。祭祀就是通过一系列的仪式取得和加强这种无形的战斗力、威慑力和约束力，振奋人心、激励斗志、维持和强化统治秩序，同时也巩固和滋润统治阶级内部以及社会全体成员之间的感情纽带，化解矛盾。在中国古代，这种力量物化为社稷宗庙等礼仪性建筑、占卜甲骨、礼器、车马以及仪式、习俗和传统等，所以当一个国家灭另一个国家时，第一件要做的事就是借着"天"的公义斥责前一个国家暴政的荒诞悖逆，同时"毁其宗庙，迁其重器"，彻底毁灭其超自然力量的源泉（图4）。

图2 河南安阳长乐路194号战国墓出土编钟

图3 河南出土郑国社稷祭祀青铜礼器与编钟窖藏

图 4　河南安阳殷墟宗庙宫殿区发掘现场鸟瞰图

另一个暴力就是以军队为主体的国家机器。这是实实在在的暴力，对外防御和扩张，对内威慑镇压都需要这个实际的力量，是政权得以维系的真正依靠，是可以坚持到最后的一个力量（图5）。

兵圣孙武曾指出："兵者，国之大事也。死生之地，存亡之道，不可不察也。"古代文明就是在残酷的战争中熬炼出来的。在国家内部和外部都没有人敢藐视它，除非具有挑战它的武力。由于二者的重要性，特别是"祀"的妙用，所有的统治者都会在"祀"上不惜代价，创造了无数神秘繁缛的仪式、宏伟的建筑和精美绝伦的用具。北京故宫旁的太庙、社稷坛和城南城北的

图 5　两河流域拉格什出土公元前 2500 年左右的安那吐姆鹫碑

天坛、地坛都是"祀"的所在。从秦始皇开始，对泰山的"封禅"可能是封建帝王在都城之外最重要、最盛大的祭典了，泰山之巅的唐开元《纪泰山铭》默默地见证着这样辉煌的"祀"（图6）。同时也没有一个统治者不在发展和控制军队上下功夫，所有的资源都向祭祀和军事倾斜。英国政治家霍布斯的《利维坦》中的插图"巨人"描绘的就是这样的极端，他左手持权杖，象征天赋的权力，右手举利剑，象征军事力量，二者支持着他凌驾于所有人之上的统治（图7）。

作为国家大事的"祀与戎"需要不同的思想、物质资源和组织形式的支持，有意思的是，有一类东西是同时属于"祀与戎"的，就是军事装备，中国古代最有代表性的是兵器和战车战马。兵器，特别是所谓"玉兵"，在祭祀和战争中的同一性已经有学者专门作过综合研究（图8、9），这里只在必要的地方提到，我们这里把焦点集中到古代战车战马上，中国古代战车和战马将是我们展示的主题。中外学者从不同的侧面对这个问题探索过，特别是大量新的考古发现，推动了古代的战车

图6 山东泰山《纪泰山铭》

图 7　霍布斯《利维坦》中的插图 "巨人"（部分）

图 8　河南安阳殷墟妇好墓出土玉戈

图 9　商代嵌绿松石青铜玉戈

战马研究的深入，获得了大量的新认识。在这本小书中，我们及时诚实地吸收他们的研究结论，目的在于让学术研究的成果尽快转化为公众知识，让读者在欣赏古代文明并得到求知乐趣的同时，也使之成为一种对社会进步有推动作用的公众意识。虽然很多研究结果还只是有争议的意见，我们也愿意把它从象牙塔中拿出来，满足大家对中国文明探知的浓厚兴趣，因为历史、现世和未来总归是属于所有人的。

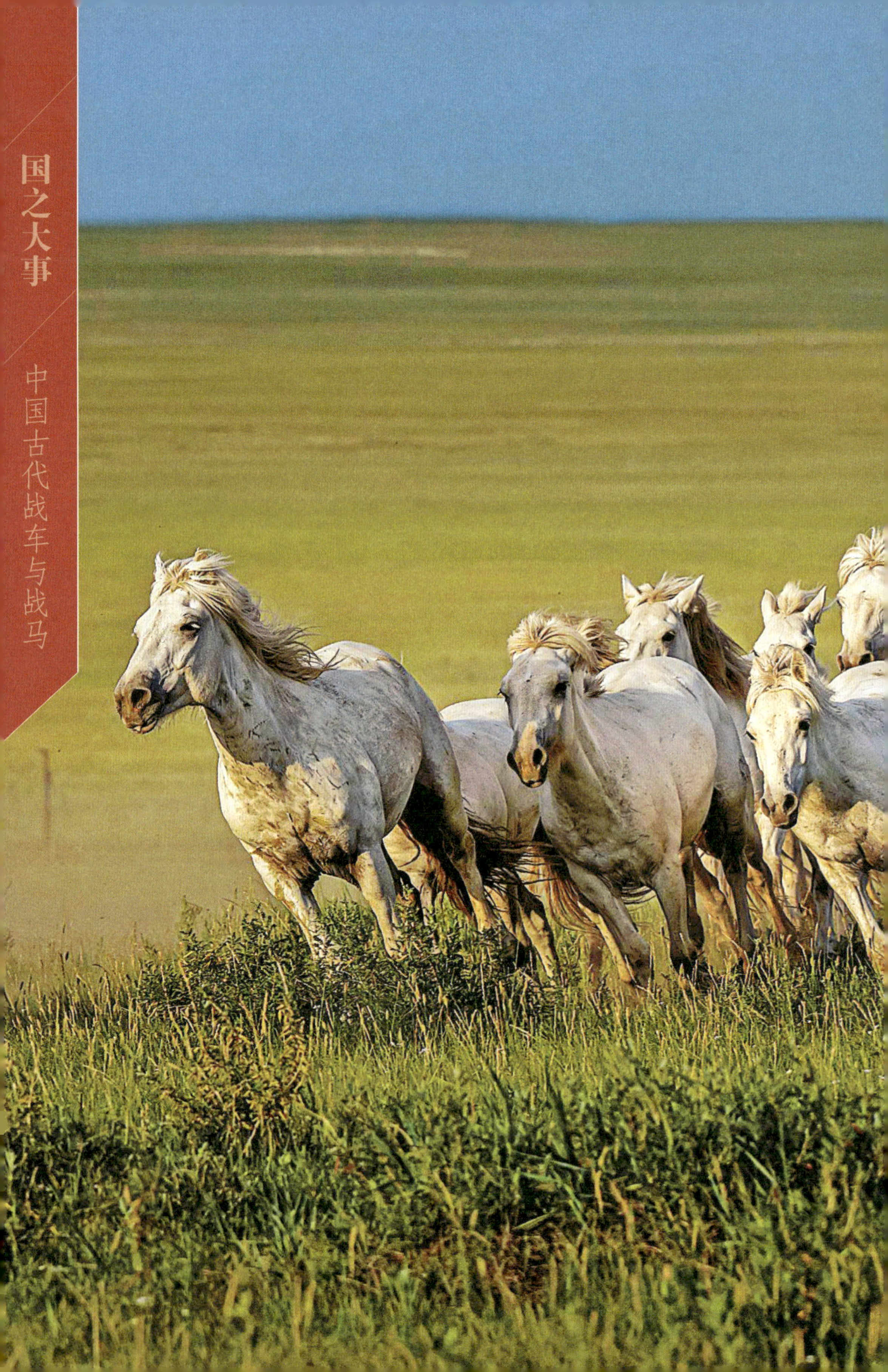

人类的动力

在无限和有限的时空中更快、更广地活动是人类梦寐以求的理想，马是人类在很长一段历史中实现这一理想的最佳动力和载具。马的速度、力量和耐力远远超过了人，借助马的长处，人实实在在地壮大了自己的能力，找到一种迅速扩大活动范围的方式，人类社会的发展因此提升到一个新的水平。

人类可能早就认识了马的优点，但最初是猎取它们，把它们作为肉食资源。人类认识和驯化马是由草原民族在欧亚大陆的草原地带完成的。草原人群在猎食的过程中发现马可以驯化，而且社会的发展也需要马发挥更大的作用，于是马终于成为人类打开眼界的有力工具，马的驯化成为人类发展史上一次伟大的变革。

龙马精神——野马及驯化马

利用畜力体现了人类超越自身局限的智慧

人是"宇宙之精华，万物之灵长"，最突出的特点在于人有智慧、愿景与梦想。宇宙万物以纷繁复杂的现象呈现给人类，人类通过感性、理性和灵性去认识种种现象背后的奥妙，并把这些实践和经验作为知识记录下来，一代一代传承、发展和创新，从而取得人类发展中一个又一个的飞跃。其中最重要的就是人能够超越自身个体有限的力量，使单个人力无法完成的神话变为现实。这种能力主要是通过社会组织方式凝聚力量，还有一种就是发现和利用自然界蕴藏的力量，二者往往相辅相成（图10）。我们今天利用的石油、电力、核能、太阳能等等就是人类超越自身局限的最好例证。其中畜力是人类认识利用的第一个实用的自然力量，蒸汽机发明以前的时代

图10 亚述筑城石刻中的国家机器控制着劳动的过程

图 12 乌拉尔图的斯芬克斯　图 13 亚述石刻中的鹰人

图 11 两河流域公元前 800 年神话
人物吉尔伽美什怀抱幼狮雕像

图 14 亚述石刻中的国王乘战车射猎猛狮

都可以称为畜力时代。人类最初最想利用的可能是鹰隼、秃鹫一类的飞禽和狮子、老虎一类的猛兽，这些动物既有力量又仪态威严，可惜鹰隼等可望而不可及，食肉动物生性太凶残，习惯了百兽之王的生活，不愿听人摆布。实际上要是这些猛兽有更多的智慧，估计首先被它们驯化利用的是人类。动物世界中的王使唤不了，人只有在想象中"使用"他们，古代很多艺术作品就反映了人类这种"单相思"行为，或是猎杀它们，使之成为满足人类征服取乐的对象（图 11 ~ 14）。

马是最优秀的畜力

古人从意外到自觉驯化的动物中最为成功的大型食肉动物是狼，凶猛聪明又忠实听话的犬成了人类最亲密的伙伴，而大量温顺的食草动物成为人类摄取营养等生活资料和获得动力的源泉（图 15）。在用于提供动力的动物中，有牛、驴、马、驯鹿、骆驼、大象和羊驼等等（图16），其中马是最了不起的动力。马的速度、冲击力、负重和耐力都是人类的数倍，马还拥有一定的智力，可以在奔跑中自动寻找合适的路径。在万不得已的时候，还可以作为人类的食物。更妙的是，马吃草就可以维生，在北方的草原上，相当于拥有了取之不竭的能量来源。总之，马既有猛兽的爆发力，又有食草动物持久的耐力；既有猛兽的威武仪态，又有食草动物的驯良；不讲究吃喝，又任劳任怨；有高大的身材，又有适合各种地面奔跑的耐磨蹄子。种种优点使马成为蒸汽时代之前人类最好的动力来源，特别在军事方面。中国人有一个祝福的词叫"马到成功"，就是因为马使人类的活动能力更快、更强，范围更高、更广，在生存发展的道路上更有力、更有效，让人充满自信和从容，走向成功和胜利（图17、18）。

图15 亚述都城尼尼微亚述巴尼拔时期石雕的驯化的狗

图16 "乌尔军旗"中的驯化牛和羊

图17 现实中的马

图18 甘肃酒泉丁家闸墓室壁画中的神马图

马的历史比人类早得多，最早的马是始祖马，从始祖马到现在的真马，其间经历了山马、中马、副马、草原古马等中间环节（图19、20）。马进化的变化趋势主要是：体型逐渐变大，肢骨增长，大脑增大，越来越聪明，生存环境从森林走向草原。在中国，更新世初期的真马属有三种，分布在北方的有三门马和黄河马，分布在南方的是云南马。三门马在更新世中期的后期发展成北京马，更新世晚期发展成普氏野马。普氏野马由19世纪初俄国探险家普热瓦尔斯基发现并命名，由于人类的捕杀，在其故乡已经灭绝，后从英国重新引进到亚洲草原，新疆吉木萨尔县有专门的饲养基地（图21）。

图19 生活在猛犸时代的野马

图20 西班牙拉斯阔克斯洞窟旧石器时代岩画

图21 现代普氏野马

图22 鬃毛长飘的野马群

图23 耐力超强的蒙古马

著名的蒙古马头部粗重，耳稍长，颈短，躯干长，四肢较短，体高120～135厘米，
体质顽强，吃苦耐劳，但步幅不伸畅，跳跃力弱（图22、23）。西方的马是由泰
班野马驯化而来的，其特点是头部小而灵活，颈细长而有力，所谓鹄颈昂举，躯
干短壮，胸廓发达，四肢细长而强劲有力，蹄大，奔驰速度快，跳跃力强。

龙自草原来

《周礼·夏官·瘦人》说："马八尺以上为龙，七尺以上为騋，六尺以上为马。"《周礼》成书于战国时期，战国一尺约为 23.1 厘米，八尺约 184.8 厘米，七尺约 161.7 厘米，六尺约 138.6 厘米。中国人都清楚龙是一种幻想的动物，商代妇好墓出土玉龙是虎头（图 24）。从汉代以后龙的形象看，龙的头一直都保持着马首的特点，看来龙真的是与马有久远的关系。在中国内蒙古东部的赤峰地区，公元前 3500 年的红山文化中有一种玉龙，虽然以猪头为主要特点，但其带鬃的头很可能也是以野马为蓝本（图 25）。为什么八尺以下的就不叫龙呢？动物学家周本雄测量了商周时期车马坑出土的近 100 匹马骨，发现商代的马肩高 133～143 厘米，西周马是 135～146 厘米，东周马是 139～149 厘米。看来古书说的马高度是它昂头时的高度。现代普氏野马平均肩高是 134 厘米，蒙古马是 120～135 厘米，这两种马看来都很难称为"龙"，只能称为"騋"或"马"。那么称为"龙"的马应当是西部草原驯化的高头大马，在中国北方游牧民族中有"龙祭""请龙"的风俗，就是以好马祭祀。在整个欧亚草原的游牧民族中都有以马作为牺牲的传统，而这种习俗可以追溯到铜石并用时代。据计算，公元前 9 世纪末的图瓦阿尔赞大墓约有 160 匹带鞍的马埋在古冢里，另有约 300 匹马在葬礼的仪式中被吃掉（图 26）。公元前 4～前 3 世纪的阿尔泰巴泽雷克墓中的殉马装饰奇特，有的被装扮成鹿或羊的样子，已经和"龙"的形象差不多了（图 27）。这种艺术形象在中国有

图 24　河南安阳殷墟妇好墓出土的玉龙

图 25　内蒙古赤峰地区红山文化中的玉龙马

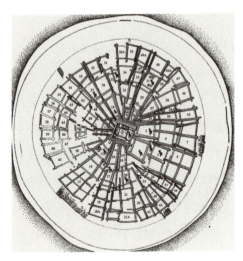

图26 俄罗斯阿尔赞大墓平面图

图27 俄罗斯阿尔泰巴泽雷克文化的鹿冠神马和羊冠神马

广泛的影响（图28）。从前面可以看到先秦时期马的高度在慢慢增长，这可能是西方马种通过中国北方民族不断被引入的结果，这些高头大马在蒙古马群中鹤立鸡群，独步一时，又有着神秘的西部草原背景，所以被称为龙。龙是集中了各种动物能力，威力无边的虚幻动物，马是强健聪慧、行动敏捷的现实动物，历史上二者又被合而为一，其形象和含义也通过龙

图28 山东洛庄汉墓中具有龙马特征的鹿马鎏金铜当卢

得到不断的强化，成为中国人精神的象征，因此中国有个吉祥的词叫"龙马精神"，就是希望人有这两种动物的体质、能力和精神。

不待扬鞭自奋蹄——马的驯化

从现代野马群看野马的驯化

马的驯化可能在欧亚大陆草原地区几个区域先后或同时发生，引发驯化野马的原因可能是多样和综合的，包括人口密度上升、森林覆盖率下降、狭窄封闭的河谷环境的制约、对草原资源不断深入的开发利用以及由于社会分化而对原有经济结构提出的新要求。通过对现代野马群落的研究，人类学家发现野马自然地形成两种群体：未交配过的公马群和自由单匹种马率领的母马群。未交配过的公马群毫无目的地在广大范围内四处漫游，而种马和母马群则总是沿着常走的路线行进，其遗下的粪便痕迹使这些马群很容易被猎人们跟踪，因此被猎获的野马遗骸主要应由成年母马和它们未成年后代组成。反之，从家养马群中选来屠宰的马理应包含较高比例的年轻雄马，他们往往不服管束且对马群的繁殖并非必不可少。因此，通过铜器时代的人们吃掉的马匹的骨头所揭示出来的性别和年龄结构应能了解这些马是野生的还是家养的。

从考古发现看野马的驯化

从史前遗址中发现的马可能曾有过三方面的用途：作为狩猎对象、作为家养乳肉来源、作为运载工具和驾车乘骑。野马的驯化是草原民族对世界文明发展的一项伟大贡献。马肉和马奶含有丰富的氨基酸、矿物质和维生素，是人类神经和血管系统运转良好不可缺失的物质，所以人类驯化野马最初是为了吃。公元前4300 年左右，规模不大的野马群落生活在欧洲的中部和西部，生活在草原边缘地区的野马成为人类猎捕的食物，在那里它们已经形成庞大的牲畜群，一些马群被人类利用。从考古材料看，乌克兰德雷夫卡遗址出土的马骨标本被认为是迄今为止发现的最早例子。该遗址位于黑海北部第聂伯河流域的森林草原地带，基辅以南 250 公里第聂伯河的西岸上，处于北面的森林草原与南面的大草原之间形成的一个过渡生态地带之中，属于红铜时代的斯勒得尼—斯托格文化。斯勒得尼—斯托格是第聂伯河上一个小岛的名称，这个文化的遗址首次在这里发掘，所以以这个小岛的地名作为这个文化的名称，年代约为公元前 4200 ~ 前 3500 年。遗址垃圾堆中的 2412 件马骨占据所有可辨认动物骨头的 61.2%，它们至少代表了 52 匹马（也可能多得多），总计可有 15000 磅肉，这个数量可能占这个遗址所发现的全部动物肉的 60%，如果按最小个体数统计，约占全部可鉴定哺乳动物总数的 28.4%。在野马群中，母马生产的小马只有大约 30% 会是雄马，将其他未成年的后代小马计算在内，在随机捕获的野马群中，雄性马匹总会少于 50%。德雷夫卡马骨的性别鉴定显示雄性青年或幼年个体占主导地位，所以这不会是自然状态下的野马群，这些马看来是从饲养的马群中选出来的。这表明除了野生的马之外，大量被宰杀的马可能是经过人工畜养。大量马骨出于食弃物堆积中，说明马在当时主要是作为一种食物来源。

剑桥大学麦克唐纳德研究所的列文博士结合德雷夫卡遗址发现的马骨，认为马骨来自当时人们猎获的野马，而非家马。在中亚哈萨克斯坦距今 5500 年左右的博泰遗址，出土了大量马骨。列文博士认为这也是来自猎获野马，由于遗址的规模很大，她将这种捕猎方式定义为"驱赶猎物（再捕杀）模式"，是一种无选择性的捕猎方法。总之，在列文看来，德雷夫卡和博泰遗址中发现的马骨，绝大多数属于猎获的野马。值得注意的是，有科技考古团队通过对博泰遗址出土陶片的检测，发现了马奶脂肪酸的残留物，识别出博泰人饮用马奶的证据，所以研究者推测博泰人的马已被驯化。

安东尼和列文是当今研究家马起源的两位代表人物。两人截然相反的观点从一侧面反映出：现有的材料和研究，还不足以说明最早的家马驯化始于何时、发生于何时，单一的研究方法（人口结构、马牙磨损微痕、驯马古病理学等）还不能得出确切和令人信服的结论。要想获得确实的答案，需要多学科的合作，如考古学与兽医病理学的结合。最新的研究发现博泰遗址出土的这些马可能是三趾马，就是著名的普氏野马。这无疑又使问题进一步复杂起来，可以说，我们离家马驯化起源这个问题的答案还有一定距离。不过任何事物起源时，总是模糊的例子多，确定的证据少，虽然从遗址中大量的马骨看，它们可能是猎获的野马，但从祭祀的雄马看，当时有个别的马已经被人驯服。

对古生态环境的研究显示，分布于北方草原河谷中的斯勒得尼—斯托格文化在这期间面临着一系列的危机，包括人口增长、森林减退以及依托于这些森林的动物群的减少。而这些动物是当地人传统的狩猎对象。这些因素可能是人们捕食野马的原因之一。在畜养马的同时，马的驯化也就开始了。在遗址的一个宗教仪式场所发现一匹七或八岁的雄马，还有两条狗的遗骸。这三只动物似乎是被有意识地放到一块的，整个马头和前腿骨由未剥除的马皮连在一起，或许还有未除去的马脊骨。工人们还在附近发现了一个形状像公猪的黏土小塑像和另一些像人的黏土塑像残片。这匹雄马被阉割过，用扫描电子显微镜在这个头骨的前颌上发现了马衔磨损的痕迹，这种马衔磨痕是科学家从观察现代家马的牙齿磨痕中总结出来的。在头骨的旁边还发现了两片角质弯月状器物，可能是驾驭马用的马镳，当时的马衔可能是皮绳子，所以没有保留下来。美国学者安东尼等据此推测至迟在公元前 4000 年左右骑马已经在这个文化中出现了。不过，马装配了马衔马镳只是驯化的开始，并不一定说明当时的人骑马了。即使骑了，在当时也可能只是不自觉的偶然现象，属于漫长的探索过程，并不具有重要的历史意义。骑马真正成为具有历史意义的事件发生在两千多年后。当时如果骑马，可能就像中国五代《神骏图》中的童子一样，骑的是没有鞍鞯的马（图 29）。

有意思的是，将带有头和脚的马皮支在挑竿上来标志神位的宗教习俗在纪元前的欧洲曾广为记载，希罗多德的《历史》中就记载斯基泰有此风俗。这种仪式直到 20 世纪初在居住于阿尔泰山脉和贝加尔湖之间的布里亚特和卫拉特人中仍有流传，有可能直到今天仍然存在。

在斯勒得尼—斯托格文化之后

图 29 五代《神骏图》

的颜那亚文化中发现一些经过打磨的石头权杖头，是在草原和靠近欧洲东南部的广大地区中的铜器时代晚期遗址中发现的。权杖本身是军事力量的象征，早期的权杖头不是动物形象，在公元前3500年到公元前3000年的权杖头多被雕刻成马头的形象，其中有少数还带有马具带子的迹象。他们将马的形象同权威和财富的象征结合在一起。这些雕像大部分是用外地运来的石头——斑岩制作的。这些例子可以说明人已经驯化了马，即使这样，严谨的学者还是认为这不能说明当时的人已经骑马了。

天马行空——驯化马的传播

家马改变了人群活动的空间

虽然证明马被骑乘很难，但考古发现使我们认识到，如果马仅仅用来吃的话，最初驯化马的文化可能不会发展得如此快。如果人在驯化马之后，就开始骑乘，那么马匹的确对人类社会的发展产生巨大的推动作用。骑马比人类行走速度快1~2倍，每天也能多走1~2倍的距离，而且马匹在涉水、爬山方面也具有特别的优势。过去不方便或是无法接触的资源、敌人、盟友和市场，现在突然变得可以与之打交道了。斯勒得尼—斯托格文化晚期，坟墓中已经开始出现了多种多样的铜质饰品，其数量之多和品种之繁在第聂伯河东面过去都从未见到过。这些装饰品显然来自西南方向的奎奎泰尼—特里波里文化，该文化于公元前4500年到公元前3500年间曾在第聂伯河与喀尔巴阡山脉之间的森林高地上繁荣过。这里有一些大的农业城镇和许多小村落，铜冶炼术、双层建筑、有女性偶像的宗教仪式和谷物都已出现，还有制作精巧的彩陶器皿。此外，奎奎泰尼—特里波里文化风格的铜质装饰品和彩陶制品也开始出现在德雷夫卡以东900公里的公墓中。这些装饰品在远至伏尔加河中游的赫瓦伦斯克也曾被发掘出，估计可能是被斯勒得尼—斯托格文化的人带去的。骑马不但使相距很远的文化发生接触，而且促进贸易和激起战争。跨草原的长距离贸易和人员交往使斯勒得尼—斯托格文化变得更为丰富，并且向他们以前无法利用的资源富集地区迁移。

古代印欧人的扩散与家马的传播

最早的骑马人可能说的是一种我们现在称作原始印欧语的语言。语言学家曾利用它派生传下的一些后代语言提供的证据重新构建起了这种早已灭绝的语言，这些语言包括已经成为死语言的吐火罗语、于阗塞语等，印度的梵语、荷马时代的希腊语和拉丁语，还有像英语、法语、俄语和波斯语之类的现代语种。现在学者把印欧人最初的考古文化锁定在颜那亚文化，这个文化部分源自斯勒得尼—斯托格文化，曾扩展到黑海和里海北面的整个草原。也有学者认为印欧语言是新石器时代最早的农民在扩散迁移的过程中从安纳托利亚带到草原的。从整个欧亚大陆的历史背景看，铜石并用时代至青铜时代，古代印欧人一直很活跃，南俄草原的印欧人在草原地带发展壮大，驯化的家马支持他们向更远的地域扩张。操原始印欧语言的骑马人向东方最初的扩散可能只遇到过不大和分散的人为阻力。南西伯利亚的阿凡那羡沃文化和安德罗诺沃文化就是古代印欧人东迁的结果，这些文化还曾数次进入中国新疆（图30、31）。特别是公元前二千纪中期，由于又发明了马拉辐式双轮车，各支印欧人或进入外高加索至小亚、西亚，或入主中亚、南亚，或再次迁入新疆部分地区。

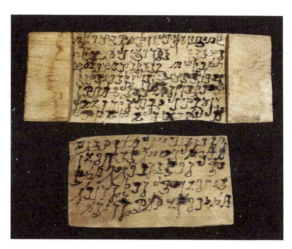

图 30 新疆发现的写在木牍上的印欧语系的佉卢文语言

图 31 新疆呼图壁康家石门子双马神祭祀岩刻

《梨俱吠陀》中记载了雅利安南侵的历史，古老的印度河文明可能受到影响，在天灾人祸的打击下灭亡。向西方的传播则要复杂得多，因为它遇到的是欧洲铜器时代早已建立并达到一定水平的农业社会，不过导致了这些务农人口集中性的防御，于是出现大型带防御设施的聚落。

从公元前四千纪开始，马逐渐从南俄草原向南传入安纳托利亚和伊朗地区。公元前四千纪安纳托利亚的一些遗址中，马骨的数量也在逐渐增加。在伊朗中南部的泰里伊比利斯（Tal-i Iblis）遗址发现了马的骨骼，该遗址的年代大约为公元前四千纪。从马莲（Malyan）遗址的马牙标本上观察到了金属磨痕，显示这些马曾经使用过马衔，因此至迟在公元前2100～前1800年，伊朗地区已开始使用家马。骑马的习俗经过很长时间才向南传入中东，当马大约在公元前2200年到公元前2000年间最终传到那里时，它们是被当作驴或驴与野驴的杂交种的替代牲口，被套在双轮战车上作为拉车动物使用。叙利亚察加尔巴扎（Chagar Bazar）遗址出土的文书中，提到了驯化的马、马夫和驯马人，但是没有明确提到马的职能，其

图 32 亚述喂马石刻

图 33 亚述骑射猛狮石刻

年代为公元前 18 世纪。公元前 645 年左右的亚述石刻上刻画了喂马的场景，也有骑马狩猎的场面（图 32、33）。

驯化马在中国的出现

在史前时代早期的欧亚草原，马主要是作为一种肉食资源。现有的考古材料证明，中国黄河流域没有经历这一过程。中国黄河中下游地区的家马是商代突然大量出现的，在河南安阳殷墟、陕西西安老牛坡、山东滕州前掌大等商代晚期的遗址和墓葬中，发现了很多用于殉葬和祭祀的马坑和车马坑，在墓室中也出现了马骨（图 34）。中原地区商代晚期以前的青铜时代遗址中发现的马骨数量非常少，而且绝大多数都没有经过鉴定，大多数仅在报告里提到有马骨，或者经过鉴定却没有说明发现的具体单位。动物考古学家袁靖等人曾对时间上相当于商代早期、中期的遗址中出土的动物骨骼做过整理鉴定，结果没有发现一块马骨。中国新石器时代的遗址发现的马骨非常少，绝大部分集中在黄河中上游地区，主要是甘青地区。到了龙山时代，发现马骨的遗址扩展到了黄河下游，但数量极少，材料又很破碎，因此有研究者推测这些马骨可能都是野马的，充其量也只是起补充作用的肉食，属于很偶然的捕获物。

早期驯化阶段的缺失和中原商代晚期家马的"突然"出现，促使研究者从中国与域外地区的文化交流中寻找中国家马的来源。发现马骨的报道仍然主要来自西北的甘青地区，时代为青铜时代早期。在齐家文化的几处遗址中均发现了马骨，

图34 河南安阳殷墟孝民屯车马坑

甘肃永靖大河庄齐家文化遗址中发现随葬了3块马下颌骨，甘肃永靖秦魏家齐家文化的墓地中也出土有随葬的马骨。经过动物考古学家研究，皆为家养马的马骨，以此推测在中国黄河上游地区距今3700年左右存在驯化的家马。到稍晚一些的四坝文化，马骨发现的数量明显增多了，火烧沟的墓葬已经开始用马随葬，甚至还有形态逼真的马的彩绘。从墓葬中大量随葬羊、牛等家畜来看，这时的畜牧业已经有了较大的发展，所以四坝文化时期可能已经有了驯养的羊和家马（图35）。而在北方黄河河套地带的鄂尔多斯地区，目前还只有一例关于发现马骨的报道。在内蒙古中南部地区的朱开沟遗址，从龙山时代晚期到早商阶段的所有地层中均没有发现家马。内蒙古西

图35 甘肃玉门火烧沟四坝文化的四羊青铜权杖头

部地区史前的考古工作相对较少，总的情况不甚清楚。因此，西北的甘青地区可能较早有了驯化的马。近年来一系列的考古发现证明，在新疆已经发现了公元前三千纪晚期至前二千纪早期的驯化马，比如温泉县的阿敦乔鲁遗址和墓葬、青河县查干郭勒乡粮站山墓葬等等。这一地区早期可能与域外有过文化交流，所以驯化马很有可能是通过这种交流先传入甘青地区，然后再传至中原地区的。值得注意的是，陕西关中沣西地区西周早期遗址的文化层中发现了零星的马骨，有可能与食用后废弃有关，显示了当时可能还把马作为肉食资源。这种现象说明邻近西北的周人可能较早接触到家马，也许在相当于商代的先周文化时期就已经得到驯化马的技术。最新的考古发现是在石峁遗址的废弃倒塌堆积里边发现了三颗马牙，经过 DNA 的鉴定是家马。时代可能是二里岗上层偏晚阶段到殷墟一期。

考古学家周本雄对河南安阳武官村祭祀坑出土的马骨进行的实测显示，商代的马肩高与西方地区的马肩高大致相当。

从目前的材料看，中原地区的家马最早出现于商代晚期，而在此之前，中原地区则缺少驯马的基本条件和动机。西北地区的齐家文化和四坝文化可能有最早驯化的马，其来源可能与新疆以及更西的草原地区有关。

随着驯化马的传入，与马有关的文字、玉器和青铜器开始出现。甲骨文字中的马字为象形字，十分写实，马嘴和马足都有细致的刻画，金文马字十分简略，仅具象征意义，至东周时各国马字的写法可谓五花八门，直至秦统一六国，马字的写法才统一为小篆，后逐渐演化成现在我们熟悉的马字（图 36）。如妇好墓出土的玉马，也在此时突然出现了（图 37）。山西翼城和曲沃交界的天马—曲村晋侯墓地 63 号墓也出土了玉马（图 38）。陕西眉县李村出土

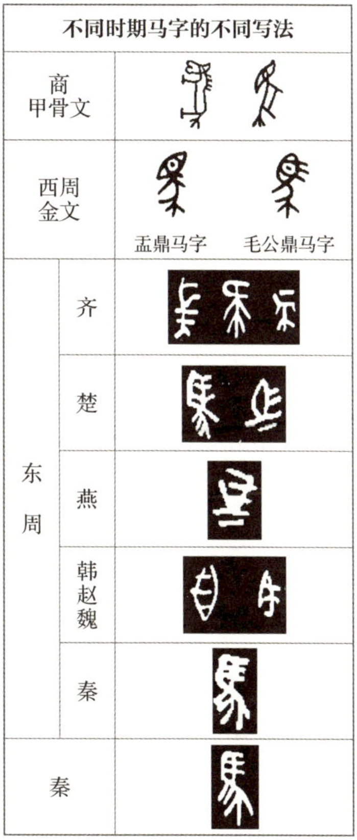

不同时期马字的不同写法		
商甲骨文		
西周金文		
	孟鼎马字	毛公鼎马字
东周	齐	
	楚	
	燕	
	韩赵魏	
	秦	
秦		

图 36　"马"字的不同写法

图 37　河南安阳殷墟妇好墓出土玉马

图 38　山西曲沃天马—曲村遗址晋侯墓地 63 号墓出土玉马

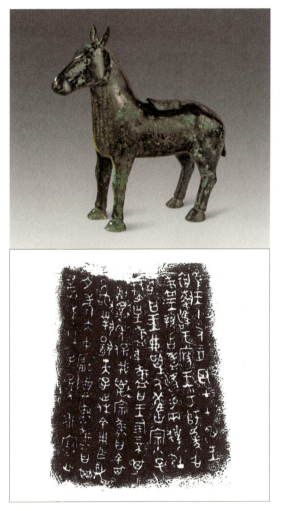

图 39　陕西眉县出土盠驹尊及其铭文

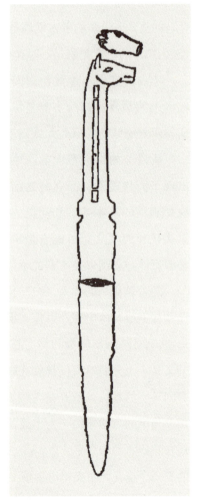

图 40　北京昌平白浮西周晚期墓葬出土马首青铜短剑

西周中期的盠驹尊中的铭文记载了周王主持仪式，使长大的好马驹收入国家马厩，并赏赐了盠骒驹，盠铸造了这个尊以作纪念，可见周人对马的重视（图 39）。

北京昌平白浮西周晚期墓葬出土马首青铜短剑，总长仅 34 厘米，当为墓主人随身携带之物，剑首为马首，马首十分写实逼真，整体装饰风格具有浓厚的北方草原气息（图 40）。湖南桃江出土一件西周马纹铜簋，在铜簋的肩部装饰有四匹昂首仰望的卧马，器座的四角则装饰了四匹竖耳站立的马，一件铜簋上装饰了八匹马，这在先秦时期的青铜器中仅此一件，十分珍贵。

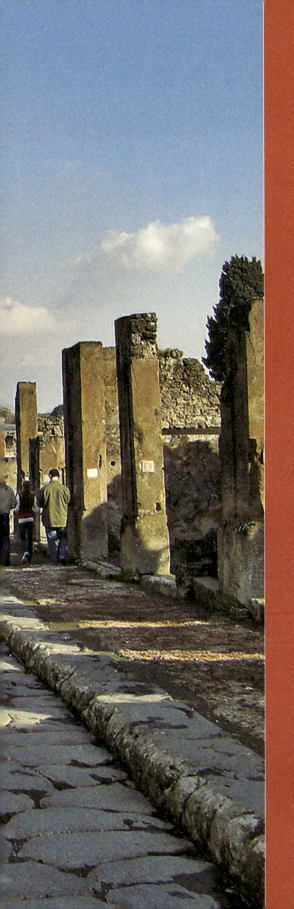

文明之道

马和车的有机结合是世界历史发展进程中一个最奇妙的事件，人的智慧在此得到生动的体现，这既有必然的规律性，又有出人意料的偶然性。马是自然天造的动物，车是利用各种材料制造的人工机械。当马和车被合为一体时，人类完成了一次历史的飞跃，人在获得巨大力量的同时极大地解放了自己。马拉战车是国家的需要，只有在国家出现的文明社会中才能孕育这样的进步，而这一创造同时也促使国家向更高级的阶段发展。

文明的结晶——板轮车的发明

以车为核心的交通系统是文明的结晶

文明就是人类社会进入国家阶段的特征。国家的特征之一就是有一定数量的人口和养育这些人口的土地。统治阶级控制人口和领土的方式是国家规模和性质的决定因素（图 41）。正如英国历史学家汤因比强调的，以交通为基础的沟通系统在国家中占有首要地位。在文明的初期，由于人们的出行只能靠双脚走，所以国家仅

图 41　石刻中亚述为控制更多的人口和土地攻打埃及的场景

仅是内部结构意义上的国家。比如
两河流域最早出现的城市国家，尽
管苏美尔地处平坦的平原，但是由
于交通工具等因素的限制，国家只
能是一个一个的城市。倒不是人的
脚不能走到更大的地域，而是维持
国家统治的信息具有时效性。靠腿
传播的信息速度往往很慢，等传达
到指定的地点，已经时过境迁了。
即使有很多像传达马拉松战役大捷
的长跑健将，也不可能把国家的统
治地域扩大多少。更重要的原因在
于当时国家是一个阶级统治另外一

图 42 古埃及的船

个阶级的暴力工具，如果没有完善的交通系统、维护国内稳定和抵御外来侵略的国
家机器，就不可能使必需的人力和物资及时到位，高效、充足、迅速的后勤保障在
军事行动中具有非常重要的作用。埃及由于有便于航行的尼罗河，对外又是相对封
闭的，可以据此使他们的国家在早期就具有相当的规模，但是他们的陆路交通并不
出色，所以埃及文明仅仅局限在便于航行的尼罗河两岸地区（图 42）。早期国家
的特性之一是扩张性，这必然刺激掌握了一定组织系统和工程技术的国家发展更有
力、更有效的交通系统。大帝国最热衷的一件事就是发展交通，古罗马四通八达的
标准大道、古波斯穿越伊朗高原的"王家大道"和秦帝国的"车同轨"都是统一大
帝国优先考虑的统治措施（图 43~45）。《汉书·贾山传》记："秦为驰道于天下，
东穷燕齐，南极吴楚，江湖之上，滨海之观毕至。"秦帝国不但"车同轨"，而且
"道宽五十步，三丈而树，厚筑其外，隐以金椎，树以青松"。陕西咸阳秦三号宫
殿遗址发现七套车马壁画，都是驷马单辕车，正飞驰在这样的帝国林荫大道上，图
像的左下角可以隐约看到路旁的绿化树（图 46）。这种国家大道在唐代章怀太子
墓中的狩猎出行壁画上就刻画得更清楚了（图 47）。唐代的馆驿交通系统非常发达，
比如安禄山在今天的北京一带叛乱，6 天后，唐玄宗就在西安附近的华清宫收到情

报，不断替换的驿马传递信息的速度每天约为 390 里（合 195 千米）。

自古以来，交通系统犹如人体的神经血管，直接担负着传递信息、运送人员物资的任务。道路早就存在，即使不好或是没有，在古代人力资源高度控制的情

图 43　罗马帝国的大道

图 44　罗马帝国的里程碑（今约旦境内）

图 45　阿契美尼德波斯进贡路上的队伍

图 46 陕西咸阳秦三号宫殿发现的车马壁画　　　　图 47 陕西乾县唐代章怀太子墓中的狩猎出行壁画

况下，修建起来也比较容易。但是，如果没有好的交通工具，再好的道路也是枉然。所以，国家的出现和发展直接刺激着交通工具的发明创造，而新的交通工具又促进道路系统的完善。

苏美尔文明中的板轮车

在两河流域的苏美尔文明中，我们看到了早期国家对车辆的迫切需求。从考古材料看，苏美尔人至晚在公元前 2500 年便将由成组的驴牵引的板轮战车投入战争和运输。此前，他们已经成功地驯化野驴并把它们用于驮运货物，而骑乘可能在公元前 3000 年的乌尔三期即已普遍。最初的车有两种，四轮无辐车和双轮无辐车。这种车的轮子用一整块木板制成，或用三块木板拼接而成。整个车十分笨重，拉车的动物主要是牛和驴，车速是很慢的。在两河流域的乌尔王陵中殉葬的就是这种车。在王陵中，还发现距今 4600 年的蚌片镶嵌贴画，长 47 厘米，高 20 厘米，一般把它称为"乌尔军旗"，可能是一种乐器音箱的装饰，上面有用于拉运重物的四轮车的形象。四轮车由四头驴牵引，有独辕和短衡，并以颈带把牲畜的颈部固定在衡上。这些车已经用于战争，车厢很大，一个御手，将军站在车后，手中握着斧头，车厢前面有装矛的敞口箱子，里面装着用来投掷的短矛（图 48～50）。中亚的遗址中也发现了类似的车的形象，比如银壶上刻画的图像，中亚和小亚等地还发现用陶做的模型陶车（图 51、52）。有意思的是，今天的巴基斯坦和印度仍然还在使用这样的车，当这种车吱吱嘎嘎从你身边缓慢驶过时，你会感到千年人事不变、时光凝滞。2023 年，在新疆温泉县还能看到这样的四轮板轮车

图 48　乌尔王陵的殉葬牛车复原

图 49　"乌尔军旗"中的驯化的驴

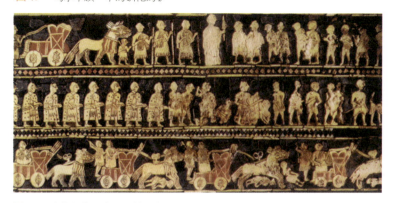

图 50　"乌尔军旗"中的四轮战车

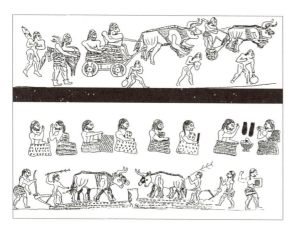 

图 51 中亚发现的银壶上刻画的牛拉四轮和二轮板轮车　　　　图 52 叙利亚北部发现的四轮陶车

作为实物展品，静静安停在街边。

中国发明车了吗?

中国是四大文明古国之一，中国有没有发明过车? 这是一个悬而未决的问题。一说是黄帝造车，《汉书·地理志》："昔在黄帝，作舟车以济不通。"《世本·作篇》把车的发明归功于夏朝的车正奚仲。如《墨子·非儒下》云："古者羿作弓，伃作甲，奚仲作车，巧垂作舟。"《荀子·解蔽》也说："奚仲作车，乘杜作乘马，而造父精于御。"《左传·定公元年》也记："薛之皇祖奚仲，居薛，以为夏车正。"《尚书·夏书·甘誓》记载了夏初爆发的一场车战，大意说：夏启率师亲征，在甘之野（今陕西西安鄠邑区）大战有扈氏。出征前召集六军将领说："负责六军的将领听我说! 我敢发誓，有扈氏罪孽深重。他们不仅辱没了仁、义、礼、智、信五行，而且抛弃了天、地、人正道。所以老天爷要结束他们的性命。我们要替天行道，立即讨伐有扈氏。如果车左的士兵不攻左路，就是不服从命令。如果车右的士兵不攻右路，就是不服从命令。如果车中间的驾车者不驱马向前，也是没服从命令。凡服从命令者，将在祖先宗庙内论功行赏；凡不服从命令者，将在土地庙处以极刑，并株连九族。"《竹书纪年》将甘之战系于夏启二年，大约是公元前 1977 年。《吕氏春秋简选》记载："殷汤良车七十乘，必死六千人，战于郕，登自鸣条，遂有夏。"所以商族首领成汤推翻夏桀的战争中也使用了战车。虽然文献记载夏代就有车，

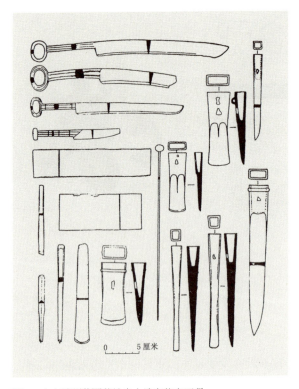

图 53 山东滕州薛国墓地出土造车修车工具

但考古还没有发现证据。北京大学考古文博学院的林梅村教授通过研究造车、修车的斧、凿等青铜工具来追溯中国造车的历史，时代可以到夏代。时代早的青铜工具多集中在新疆、甘肃地区。奚仲的早期活动地域正在甘肃东部一带，因此奚仲造车是有可能的。他认为中国没有发现早期的车可能是中国最早的车是木制的，故不能保存至今，或者是没有用车随葬的习俗，因此今天我们见不到（图 53）。近年在河南偃师二里头遗址中发现早期的车辙遗迹，证明夏代晚期应当有车的存在。不过，车辙之间的距离仅仅为 1～1.5 米，因此，不可能是马或者牛拉的车。2019 年，考古人员在河南淮阳平粮台遗址南城门附近发现了早期道路路面。路面之上，多处车辙痕迹宽 0.1～0.15 米，最深处 0.12 米，最明显的一条长达 3.3 米。其中，一段车辙双条并进，间距 0.8 米，被专家们初步判断为"双轮车"车辙印迹。研究人员根据打破有车辙路面的龙山时期墓葬的测年数据判断，路面以及车辙的使用距今至少 4200 年。河南属于仰韶文化中晚期的双槐树遗址发现了疑似车辙，车辙在一条大道之上，两边是仰韶中晚期的宫殿建筑。这样车辙的年代可以早到约 5300 年以前。不过，这些疑似车辙还需要进一步验证，到底是不是车辙，如果是的话，是什么样的车，车的构件是什么等等。总之，中国夏代奚仲造车还是一个未解的谜，无论如何，都需要等待考古学家的细心和运气。

草原贡献——轮辐马车的出现

轮辐马车发明的历史背景

车子是个多种材料组装的复杂机械，需要很多技术的支持，而且也要有迫切需求的刺激。所以，车子的发明可能是古代文明中心的成就，是组织和技术支持下的文明结晶。"乌尔军旗"上的车可以明显看到，有四个车轮，车轮是木块拼接的实心圆轮，显然他们已经解决了一个最关键的难题，就是车轮和车毂行进时接触及润滑的处理，不过拉车的牲畜是矮小的驴，这可能就是这些享有先进文明的人没有发明双轮战车最主要的原因（图 54）。因为他们没有高大且行动快速的牲口，所以就想不到对原始的车进行改造，特别是对车轮的改进。牛和驴牵引的板状轮子的车无疑大大限制了车的使用效率，但比没有车的时候已经非常进步了。也许因为这个原因，最早发明使用这种车的文明开始"靠在自己的桨叶上歇息"，享受着这一杰作带来的巨大好处。在这些文明的边缘地带，也许在欧亚草原，也许在小亚地区，板轮式车却取得了革命性的进步。大约在公元前二千纪早期，在欧亚草原和小亚细亚半岛几乎同时出现了马拉双轮车。这种车的辐式车轮是一种

图 54 "乌尔军旗"中的战车细部

图55 叙利亚出土公元前14世纪乌格里安金盘上的轮辐战车

全新的发明（图55）。这个划时代的发明至少必须具备以下条件：

（1）统治阶层展示权力、武力和宗教上的需要；

（2）家马的驯化、引进和使用；

（3）无辐车广泛应用；

（4）揉木技术与金属工具的熟练应用；

（5）使用轮辐的尝试。

有了这些前提条件，轮辐式的双轮战车就可以应运而生了。在板状轮车早已发明的基础上，轮辐式战车发明的过程中，起关键作用的是马的驯化。马的驯化为古人的活动准备好了动力强劲的引擎，以马为牵引力的轻便双轮战车正是在这一背景下应运而生的。当造车技术传到草原时，牧民早已驯化了野马，并会驭使家马了。笨重的实轮车显然不适合马的力量和速度，牧民广大的活动地域需要轻便、结实、快速的交通工具，缺乏木材的草原也不允许过多地使用木料，种种的原因使草原牧民改进了原始的车，使用轮辐的双轮战车诞生了。

考古发现的轮辐马车

公元前二千纪时，驯化的家马有了，揉木技术与金属工具的熟练应用也不缺少，关键就是辐式轮子的创意。有的学者主张它源于早期的一种叫作十字轮辐的车轮，由一块圆木板做成，中部凿空，其周缘留出相当轮牙的部分，中间仅留出一条通过圆心的直木连接轮牙两端，这条直木的厚度足以承受穿过其中心的车毂，在直木的两侧各有两条较细的直木与之垂直相交，末端插入前者中间的榫眼中。伊朗希萨土丘遗址（Tepe Hissar）曾经出土过这种车轮，年代相当于公元前三千纪晚期。从形态上来讲，这种车轮是从早期实心板式木车轮发展来的。这个创意可能传到了草原上，有了创意，接下来的改进工作就容易了。

虽然有学者认为西亚是轮辐式战车的发明地区，但迄今发现的考古材料证明：

到了公元前二千纪初，马在草原上已开始被用来拉轮辐车。在乌拉尔山以东亚洲草原存在一个辛塔什塔—彼德罗夫卡文化，年代在公元前 2100 年到公元前 1700 年。在墓地中，考古学家发现了迄今最早的轻便双轮马拉战车。虽然这些车尺寸上还不适合战争，比如车轴太短，稳定性不好，但无疑是最早的战车。还有大量殉葬的马骨，据统计，在辛塔什塔—彼德罗夫卡文化的阿凯姆遗址中发现的马骨占全部动物骨骼的 15.4%，次于牛骨和小牛骨。

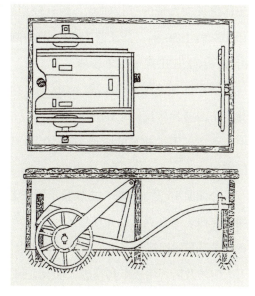

图 56 辛塔什塔墓地 12 号墓随葬的轮辐式马车

到了当地青铜时代晚期的萨尔加利文化时，马骨的比例已上升至 30.3%，几乎与牛骨相同。据研究，马的平均高度大约在 136 ~ 144 厘米，马腿比较细长，应当算是龙种的高头大马。在出土有马的墓葬中经常发现两个连着马皮的头骨和马的前肢骨放置在墓室中，而后肢骨则单独放置在墓室外，这和德雷夫卡的公马祭祀是一脉相承的。在墓地内一个祭祀坑中还发现 6 匹马有头骨，这些马均为阉割过的青年马，应该都是用来拉车的（图 56）。

车轮滚滚——轮辐式马拉战车的传播

轮辐战车在近东的流传

战车随着古代印欧人的扩张四处传播，成为古代国家战争和礼仪活动中的重要装备。在安纳托利亚半岛中部，马匹在公元前二千纪早期已用于驮载物资和牵引车辆。轮辐战车由生活在苏美尔和阿卡德北缘的印欧人在公元前 2000 年早期传入两河流域。在安纳托利亚南部的一个古代重要贸易中心卡鲁姆—卡奈什遗址中发现的三枚印章上刻有轻型轮辐战车的纹样，两辆车年代在公元前1950～前1850年，公元前1850～前1600年左右，印章上的御手一般背有弓和箭囊，甚至还出现了战争场面（图57）。公元前17～前16世纪的安纳托利亚奥斯曼斯卡亚斯遗址和公元前1430～前1400年的遗址中都发现了埋有马匹的墓葬。第二赫梯帝国时期的战车车厢经过精心的装饰（图58）。乌拉尔图的文物中也留下了不少战车的图像（图59）。后来的亚述帝国更是把作战的车造得轻便实用（图60、61）。

公元前16世纪早期，古埃及王国法老卡莫斯的"第二石碑"上的铭文最早提到来自西亚的喜克索斯人使用的马车，稍后的一些新王国时期的文献和图像上也有关于马车的记载和表现。所以一般认为，公元前18～前16世纪西亚的喜克索斯人入侵埃及后，将战车和马传入埃及。到了公元前15世纪，马车在埃及的战事中已占据了重要的地位，近东也是如此。埃及凭借其悠久深厚的文明积淀，把轮辐

图57　卡鲁姆—卡奈什遗址中发现的刻有轻型轮辐战车纹样的印章

图58　赫梯帝国时期石刻中的战车

图59　乌拉尔图战车

图 60 尼姆鲁德亚述战车石刻

图 61 亚述国王乘车接受巴比伦战俘石刻

图 62 埃及拉美西斯法老的战车

式战车加以改进和装饰，成为巧夺天工的机械和工艺精品（图 62、63）。这种状况至少持续到法老拉美西斯三世时期，从那以后，有关马车的记载和图像基本上就消失了。小亚奥斯曼斯卡亚斯遗址和埃及早期的马的身高为 140～150 厘米。图坦卡蒙墓中出土的马车最为完整，其车衡的平均高度为 135 厘米，表明这一时期马肩隆的平均高度在 135 厘米。

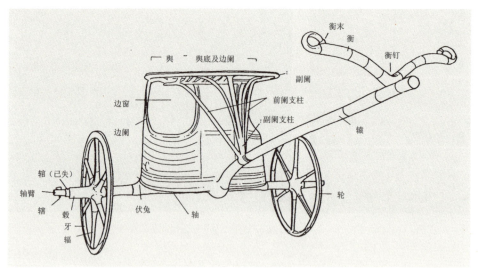

图 63 埃及战车结构名称图

马拉战车进入南亚次大陆

雅利安人（印欧人的一支）于公元前二千纪中叶入侵印度时，可能把马拉战车带入南亚次大陆。此后马匹一直用于车战和祭祀牺牲，与早期骑马民族有关的宗教也随着迁移的人口进入印度。形成于公元前 1000 年到公元前 800 年的《梨俱吠陀》描述了古老的马祭："把马腿保护完整，按祭礼把它们摆好，把它们切好，一块块拿出来。摆出多少马腿，我就按祭礼把多少个球放入火中。"这和德雷夫卡和辛塔什塔—彼德罗夫卡文化中的马祭是相似的。在《梨俱吠陀》中记载的双马神也是随着印欧人的迁徙传入南亚次大陆的。在欧亚大陆腹地的南西伯利亚和中亚发现的大量马车岩刻画以及金饰件也在默默地述说着这一遥远的故事（图 64）。

图 64 公元初阿富汗席巴尔干出土双马神金头缀

中国北方蛮族与马车东传

中国北方蛮族可能很早就学会了造车的技术，并成为商朝获得轮辐马车与养马技术的中介，但留下的形象材料不多。新疆东部哈密市的五堡墓地 M7 曾经出土了半个木质的无辐实心车轮，直径 79 厘米，轮宽 12 厘米左右，是用三块胡杨木相叠并以榫卯连接而成（图 65）。车毂很难同轮体区分出来，只是在中部微有变厚，毂中空纳轴，毂孔内现在还残留着轴木，轮表面有明显使用痕迹，并有砂粒嵌入其中。该车轮的制造技术和最早的车轮一样。五堡墓地年代相当于商代晚期，说明那时虽然有了轮辐式的战车，但实心轮的车仍在使用。2022 年，新疆伊犁地区尼勒克县吉仁台沟口 120 平方米的方形巨墓封堆中发现更为完整的这种木构板轮车。木质车辆构件发现于高台遗存东北部，40 余件组的木质车辆构件中，实心木车轮 11 件，车辕、车轴、车厢等木构件 30 余件。经测定，高台遗存年代在公元前 16 世纪至公元前 15 世纪。陕西省榆林市清涧县解家沟镇寨沟村瓦窑沟M3 发现年代最早的双辕车实物，应当是文献和金文中记载的牛车或大车。在内蒙古赤峰地区，相当于西周晚期的夏家店上层文化中发现了反映北方蛮族使用战车的骨板（图 66）。再有就是刻画于天山、阿尔泰山和阴山岩石上的战车岩刻，不过这些岩画难以确定准确的时代，只能是一个参考的形象（图 67）。

连接东西方马车的鲁查申新发现

商周同时期，在其他地区也一样，除了轻便的轮辐车外，无辐车仍然在使用。

图 65　新疆哈密五堡墓地 M7 出土木质实心轮

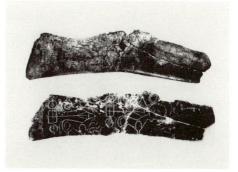

图 66　内蒙古赤峰地区夏家店上层文化中刻画马拉战车的骨板

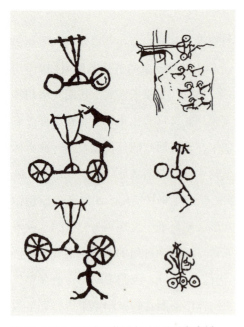

图 67 中国北方和蒙古草原岩石上的马车岩刻

1956 年，苏联亚美尼亚共和国科学院历史博物馆的考古队，在塞凡湖南岸地区的鲁查申（Lchashen）发掘了 14 座属于木椁文化的墓葬，时代为公元前 1500 年左右。发现的无辐四轮或双轮车，车轮直径 75～170 厘米，都是用三块木板以内置的榫拼接而成的，这点与五堡墓地的车不同，后者的榫是露在外面的，这种露在外面的榫在更早的时期比较常见。鲁查申墓地出土的四轮车轨距为 160 厘米左右，双轮车轨距在 170 厘米左右，所有的轮表面都有明显的磨损痕迹。

无论西亚还是欧亚草原，四轮和双轮无辐车一直很流行，年代最早的可追至公元前四千纪末。据统计，俄罗斯境内目前已发现了 250 多辆四轮和双轮无辐车。值得注意的是，鲁查申墓地发现了和中国商代晚期非常相似的木制轮辐式战车，另外还出土了 3 辆铜马车模型。很多学者据此讨论了中国轮辐式战车长期悬而未决的来源问题，认为鲁查申墓地的这些发现是非常重要的线索（图 68）。

图 68 鲁查申墓地发现的木制轮辐式车

欧洲铁器时代哈尔施塔特文化时期的四轮战车葬此时变为双轮战车葬，表明新式战车已成为战争中的主力。两轮车的形制可能受到了伊特鲁里亚文化的影响，但凯尔特人也有独创，特别是他们利用热胀冷缩的原理，以烧红的铁箍紧固车轮，使战车的质量在古代民族中臻于上乘。

历史的改观——轮辐式马拉战车的意义

轮辐式马拉战车促进了文明的飞跃

双轮战车是青铜时代一项重要的发明，这项技术推动了历史的发展，古代国家的政治生活因此有了很大的改观。埃及壁画中经常表现战车，但战车在早期战争中的作用并不是决定性的，它只起到一种辅助作用，真正决定战争胜负的还是步兵，马车主要是作为一种指挥平台和运输部队的工具，车上的乘员在车行时只能射箭或投掷标枪，长矛是不能在运动的车上使用的。两敌相遇时，车上的战士从车上跳下来与敌人近身搏击，由于轮径小，车厢距地面很低，而车厢后面全敞开，上下都非常方便。西亚马车的作用与此类似，公元前2500年前的"鹫碑"刻画的就是步兵和战车协同作战的片段。除此之外，还有一个作用就是围城。赫梯王一世（约公元前1650～前1600年）率军队围攻安纳托利亚半岛东南部的城时，曾动用80辆战车和8支军队布下一道封锁线。赫梯人还会在夜战中使用战车。

在中国，文献记载了夏启灭有扈氏和商汤灭夏桀都使用了车，规模都不大。商代铜器铭文已经有了"车"字（图69）。从考古发现看，比较可信的是周人灭商的战斗。约

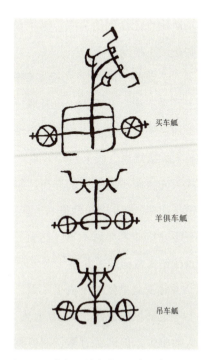

买车觚

羊俱车觚

吊车觚

图69 商代铜器铭文中的"车"字

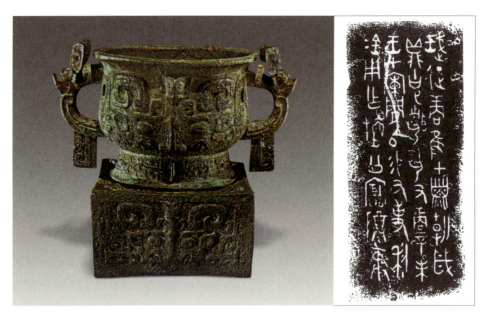

图 70 利簋及其记载牧野之战铭文

公元前 1046 年，商朝与西北高原兴起的周人，在牧野（今河南卫辉市）进行了一场决定生死命运的决战，结果是商朝灭亡，史称"牧野之战"。这一战周人的统帅是武王姬发。

公元前 1046 年，趁商王朝国政腐败，主力军队东征夷人之时，武王亲率兵车三百乘，虎贲三千人，以及庸、蜀、微、彭、濮诸部落的联合部队出函谷关，渡黄河，挥师东进。二月甲子日清晨，大军到达了距商都朝歌仅七十里的牧野。这一天天清气爽，武王列开了部队，命士兵举起戈、矛，列起干盾，进行战前誓师，武王先宣布了商纣王的罪行，勉励大家要齐心合力，英勇作战，最后宣布要严格遵守纪律，战斗中每前进六七步，要前后看齐，每击杀六七次，要保持严整的军形。有不守纪律者严惩不贷。这就是《尚书》中的名篇《牧誓》的大概，青铜礼器利簋的铭文也记载了此事（图 70）。

武王此举使纣王措手不及，只得临时拼凑士兵，把奴隶和战俘武装起来，加上守卫都城的部队，共 70 万人（一说 17 万），亲自率军迎敌。武王的周人军队人数虽少，但训练有素，双方列阵后，先命吕尚率领百夫直冲商军的前锋，接着又以迅雷不及掩耳之势，指挥三百余乘战车、二万六千人组成的精锐部队，直冲纣王中军，纣王的军队未经严格训练，又无斗志，遇上周人的虎狼之师，许多人纷纷倒戈，为武王开路。鏖战从清晨至傍晚，商朝的军队彻底崩溃，退回朝歌，纣王看大势已去，登鹿台自焚，商朝遂亡。

牧野之战，除了政治、经济实力之外，武王的战车部队起了重要作用。一乘战车，既是一座活动的战斗堡垒，也是一个坚固的防护屏障。车上的武士可以站在车厢上劈砍钩刺，又能凭借车厢保护自己。加之战马驰骋，速度极快。如果数百乘战车列成军阵向前冲锋，有如决堤洪水般的威势，商纣王未经训练的徒兵怎能阻挡得住。战车成为作战的主力是历史发展的必然。

轻便快捷的战车成为立国安邦的重要装备，极大地改变了古代世界的政治格局。由于是利用了蒸汽机发明之前最好的动力，统治者可以在更大的范围内及时调遣军事力量和迅速实施军事行动，小国寡民的时代结束了。其最终结果就是跨地域、多族群帝国的出现，特别是横跨欧亚非大陆帝国的出现（图 71）。因此，战车绝对是世界政治格局进入新阶段的重要原因之一。从积极的方面说，大帝国的统治，可以集中更多的自然资源和人力资源，创造前无古人的文明成就，使种族、文化交流融合的广度和深度大大提高。社会结构日益复杂，很多边缘地带的闭塞文化被整合，涵化到大帝国当中。这是"文明"的益处！但不应忽略的是，无限制的野心和贪欲

图 71 波斯阿契美尼德刻有大流士乘战车狩猎的印章纹饰

由于有了技术上的支持，就会带来穷兵黩武和强权政治的恶果，帝国领袖们的良心和道德是善良的人们无法保证和控制的，在没有民权的古代集权专制社会，人们最后只能饱尝敲骨吸髓的苛政和连年战争的恶果。历史的发展在表面上也就成了统一帝国的兴衰和不同帝国的冲突替代。这是"文明"的悲哀！社会的进步总是要付出代价的，人们总是容易忽略人类付出的生命代价来总结历史的进步，惨痛的经验和教训很容易随着时间的流逝而模糊，在贪欲和雄心面前，历史是苍白的，所以同样的悲剧随时都有再发生的可能。但无论怎么说，作为一项技术，战车是人类的伟大创造，它在历史上起到的积极作用远远大于它的消极作用。

马拉战车是古代综合国力的体现

马和车的结合使人类历史的进程加速了。一个是活的动物，一个是各种质地的零件组合成的机械，前者刺激了人类畜养大型动物的各项方法的进步，甚至外科手术，因为公马一般要经过阉割，否则野性不改。马车是多项技术的综合体现，《周礼·考工记》曰："一器而工聚焉者，车为多。"一辆马车的基本要求是轻便和结实，以满足速度和稳定的需要。制造马车所需的技术为揉木、搭接、胶合、鞣革和铸铜，还涉及很多力学难题。比如为了防止轮子旋转过程中外脱，工匠把轮子辐条向内偏斜，形成一个中凹的浅盆状，《考工记》把这叫作"轮绠"（图72）。因此，这些技术就得到了飞速发展，并应用到其他的领域。造车需要精通揉木、搭接、胶合的能工巧匠，金属车马器需要有专门的铜匠，车的装配又是一个特殊的工作，车的装饰则要由专门的艺人完成，平时维护保养也需要专业人员（图73、74）。商周时期保养车辆的方法可能是在不用车的

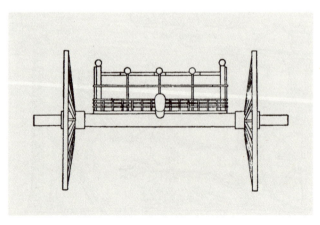

图72 河南辉县出土战车所见的轮绠结构

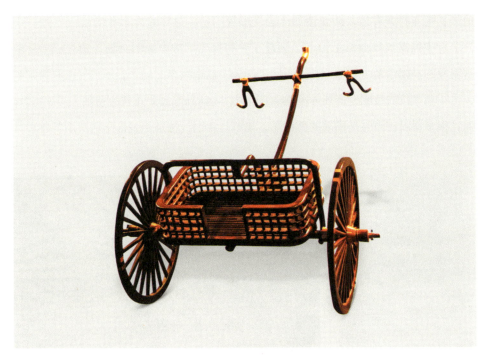

图 73 复原后的商代马车

图 74 河南安阳郭家庄 M52 出土马车复原（刘永华复原并绘制）

时候，把车拆开存放，防止诸如车轮变形等问题，这导致拆车葬的流行（图75、
76）。中国汉代画像石上留下了制造车轮和保养维护车辆的画面（图77、78）。
古埃及的一幅壁画生动地刻画了不同工匠分工制造战车的场景，不禁使人联想到今
天汽车和飞机的装配生产线（图79）。所以，一辆马车需要花费大量的人力、物力，
而且很多材料在当时是稀缺的奢侈品，如革与青铜，特别是装饰车辆所用的各种贵

图 75 陕西西安沣西张家坡西
周墓地的拆车葬

图 76 山西曲沃天马—曲村遗址晋侯墓地的拆车葬

图 77 汉代画像石中制作车轮的场景

图 78 浙江海宁汉代画像石中保养车辆的场面

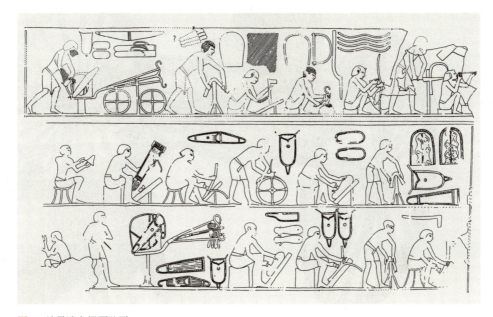

图 79 埃及造车场面壁画

金属、宝石等，这不是普通人所能做到的，只有掌握了大量财富和人力的上层统治阶级才有可能使用这种奢侈品。所以，在西亚、埃及、欧亚草原，马车仅发现于高等级墓葬中，不唯马车，即使是车马器，也少见于一般社会成员的随葬品中。

战争与礼仪

当战车最初在中国的土地里被发现的时候，考古学家并不惊讶，因为在文明古国发现车并不稀奇。但是随着考古材料的积累，考古学家发现中国最早的车已经十分完备，但没有一个自然发展的过程。在这种情况下，大家开始考虑中国战车的来源。从考古发现看，中国商代出现的轮辐式马拉战车有可能是通过草原传入的，至少是中国的制车业受到了西方的深刻影响。

马拉战车在古代是一种极为奢华的运载工具，只有高级统治阶层才有能力获得造车技术和各种稀有的材料，并组织工匠制造，所以中国的战车从一开始就成为身份、地位和权威的象征，是礼制的重要组成部分，在出行、祭祀、田猎等重大礼仪活动中起着重要的作用。

商周时期，战车还没有大规模用于战争，战争的主角是贵族，战争的规模也不是太大，因此战车成为贵族作战的主要平台，这其实也巩固和强化了以血缘为基础的封建等级制度。

技战突破——马拉轮辐战车在中国的出现

中国商代马拉战车来源之争

从考古发现看，中国的双轮辐式战车几乎是突然从地下冒出的。20 世纪 30 年代，在安阳殷墟的发掘中已经找到了一些车子残迹，但还不能准确弄清楚车子的全貌。因为木质的车子腐朽后，仅仅在黄土中保留了木头的痕迹，而剥剔车子的木痕，需要有预见性，必须认真地、细致地进行操作，稍不注意，就会破坏掉，是一项较难掌握的田野考古技术。20 世纪 50 年代，在著名考古学家夏鼐的带领下，中国科学院考古研究所首先在河南辉县琉璃阁成功地剥剔了战国时代的车子，根据木痕弄清楚了它们的形状和细部尺寸（图 80、81）。总结经验之后，相继发掘出了一系列商代晚期的车子，而且知道商代晚期贵族陪葬的车马坑大多位于主墓的西南方。令人惊讶的是商代晚期的战车结构工艺很复杂且十分完善，没有发现原始阶段的车。在古代，这种材料多样、结构复杂、需要不同工种、经过很多工艺流程的机械是不可能一蹴而就的，所以一开始国外学者异口同声宣称中国

图 80 河南辉县琉璃阁战国车马坑

的战车乃是从西方传入的，更有甚者，说中国的商代统治者是外国人。当时半殖民、半封建的内忧外患使中国人对"中国文化西来说"很反感，本来瑞典学者安特生已经大大刺激了中国知识分子的神经，他通过学术研究的结果（后

图 81 河南辉县琉璃阁战国车马坑出土马车复原图

来他自己也承认错了）说中国新石器时代的彩陶文化是从西方传入的。这下好，老老祖宗的事还未完，老祖宗又出问题了，这还了得！前面说了中国文献上记载了奚仲造车和夏代使用战车的历史，因此，考古学家非常努力地想在中国找出它的原始阶段。可是找来找去，早于殷墟的地层就是没有实物车的痕迹，只有文献的证据，而这些文献记载经过古史辨一番讨论，又是可疑而不可靠的！

商代早期用车的新发现

目前中原地区考古发现的最早的马车实体出现在山西浮山桥北 M1、M8，属于殷墟一、二期之际，还有殷墟二期的西北冈 M1136–1137、小屯 M20 和 M40 等车马坑。这些车的特点是簸箕形车舆和曲衡。河南新郑市早商时期的望京楼城址发现二里岗时期城内道路及车辙痕（图 82）。1996 年，在河南偃师商城东北隅的一次发掘中，考古工作者在底层路土面靠近城墙的部位发现了两道东西向顺城墙并行的车辙遗迹。已经发掘的车辙长 14 米，轨距只有 120 厘米。北车辙距离城墙约 20 ~ 30 厘米。车辙痕迹呈凹槽状，口部一般宽 20 厘米左右，深约 3 ~ 5 厘米。发掘者认为，车辙肯定是由双轮车碾压所致。车辙之间的路面布满不规则的小坑，可能是长期被驾车的动物踩踏所致。偃师商城为公元前 16 世纪左右，这个时间，比西方最早出现马车的时间——无论是草原还是西亚——都要晚 500 年。所以单从时间上来讲，还是不能排除马车西来的可能，偃师商城车辙轨距只有 120 厘米左右，而且车辙宽约 20 厘米，这可能说明偃师的车辙也许根本不是被轮辐马车碾压出来的，而是用于载重的无辐车造成的，即文献中所谓的"轻车""大车"，牵引的畜力可能是牛。1986 ~ 1987 年，在殷墟花园庄西南（宫殿区壕沟西南角）发掘一座大型骨料坑，可能是一个堆放废弃动物骨的废骨坑，时

图 82 河南新郑望京楼城址二里岗时期城内道路及车辙痕（L3）

代约为殷墟文化三期后段至四期初段。在废骨坑坑口表层的兽骨堆积上，清理出了 14 条车轮多次滚过而轧出的痕迹。这种车是用于运送垃圾的，它的轨距为 150 厘米，似乎与偃师商城的车辙有更密切的关系。甚至有学者推测是独轮推车或者人拉车留下的车辙。

从无辐车轮和造车工具看中国战车的来源

这种无辐车轮在新疆发现过，就是上面提到的新疆哈密五堡墓地 M7 出土的无辐车轮，五堡遗址属焉不拉克文化，根据两处墓地的碳-14 数据，其早期遗存的年代为距今 3200 年前后，和殷墟时间差不多，西亚和欧亚草原四轮和双轮无辐车的年代都比五堡的标本早。五堡墓地还出土了很多毛织品，美国著名的纺织史专家芭博在对其进行了实地研究后得出结论，认为五堡纺织品的纺织技术源于公元前二千纪后期的高加索地区。无辐车很可能也同时从那里传来，体质人类学的研究成果从另一个方面进一步证实了这种推测，焉不拉克墓地遗存中存在有一定数量的原始欧洲人种群体。现有的证据表明，焉不拉克文化与甘青地区的四坝文化曾经有过比较密切的联系，而四坝文化也在很多方面显示出它既与西方有着文化上的交流，同时也与中原地区存在着一定的联系。四坝文化的分布区正处于河西走廊这个东西交通的要道上，四坝文化可能很早就拥有了家马，如此我们有理由推测四坝文化的居民是在与来自草原的民族进行的交往中得到了家马，同时还得到了无辐车。

从造车所必需的金属工具看，中国境内最早的金属工具分别发现于中国青铜时代早期的两个中心区域：西北地区以齐家文化和四坝文化为代表，中原地区以二里头文化为代表，两地金属工具出现的时间约略相同，均为公元前二千纪初。如果给中国中原地区马车的制造成功定一个上限的话，应该不会早于这一时间，而关于中国青铜文化的来源，现在还存在着很大的争议。吉林大学考古系的林沄教授已经指出二里头文化所见铜刀是"北方系"的铜器，它在造型上与四坝文化的铜刀基本上没有什么差别。甘肃岷县杏林遗址采集到的一件红铜斧，时代属于齐家文化，可能是中国境内最早的铜斧之一，其造型和铸造技术，尤其是口部的单耳，与乌拉尔山以东的塞伊马—图宾诺文化群的单耳和双耳铜斧有着很大的相

图83 卡约文化发现的塞伊马—图宾诺式铜矛

似性，从冶金术看，塞伊马—图宾诺文化群受到奥库涅夫文化的影响，并和卡拉苏克文化有传承关系。在中国长江流域以北的地区已经发现了不少塞伊马—图宾诺文化群特点的器物，比如铜矛（图83）。

美国哈佛大学的胡博博士认为中亚的巴克特里亚—马尔吉那亚文化群与齐家文化有着文化交流，它们之间的联系纽带是安德罗诺沃文化的人群。而齐家文化又作为一个中介，把这些影响带到了中原，影响了二里头文化。安德罗诺沃文化中晚期已经与我国新疆的青铜文化发生了联系，不仅铜器，在新疆的塔城等地还发现了安德罗诺沃文化的陶器，而安德罗诺沃文化很早就有家马和马车。所以制造马车所需要的青铜工具，其来源还有待进一步的研究。不单造车的工具，还有关于制造马车的木工技术，如揉木、胶合、榫接。中国新石器时代的材料还很少，只有榫接技术在长江下游的河姆渡文化中有比较清楚的发现。新疆伊犁地区尼勒克县吉仁台沟口聚落遗址发现的大型墓葬和大型房址，这些遗存属于安德罗诺沃文化共同体中的地方区域文化，值得注意的是，在唯一一座结构复杂的大型高台墓葬中发现了随葬板轮，除了这个时期的岩画以外，这也为寻找中原早期车辆的来源提供了关键的资料。

中西马车系驾方式的比较

中国国家博物馆的孙机研究员比较了中外马车的系驾牵引的方式，发现中国早期马车的系驾方法为"轭靭式"，把牵引力分作两部分，首先是通过轭把马的牵引力传到衡上，通过衡再传到辕上，另外还在两轭的内侧通过两条皮带（古人叫"靭"）把马的牵引力传到接近车厢部位的辕上，这样可以使马的牵引力均匀

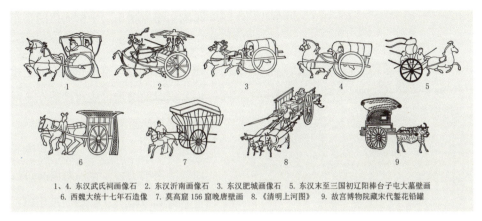

1、4. 东汉武氏祠画像石 2. 东汉沂南画像石 3. 东汉肥城画像石 5. 东汉末至三国初辽阳棒台子屯大墓壁画
6. 西魏大统十七年石造像 7. 莫高窟 156 窟晚唐壁画 8.《清明上河图》 9. 故宫博物院藏宋代錾花铅罐

图 84 中国汉代至宋代马车系驾方式的演变

图 85 西亚驴车颈带式系驾法

图 86 罗马帝国马车颈带式系驾法

分配，避免马脖子受到颈带的束缚。两匹骖马则以靳曳车，靳系于舆底。由于双辕车的流行，西汉时发明了"胸带式系驾法"，至元初时，鞍套式系驾法成熟，一直沿用到今天（图 84）。和西方马车的系驾牵引方式比较，古代两河流域采用的是"颈带系驾法"，这些车都是小轮，便于上下（图 85）。8 世纪才出现胸带式系驾法，而且仍然沿用颈带法（图 86）。13 世纪中期出现鞍套式系驾法。由于中国和西亚早期的系驾法不同，所以，中国可能创造了新的系驾法。值得注意的是，埃及新王国时期的战车采用的是"轭—颈腹吊带法"（图 87）。由于中国商代发现的轭和埃及的相似，而且发现腹带和颈带的痕迹，所以研究东西方早期战

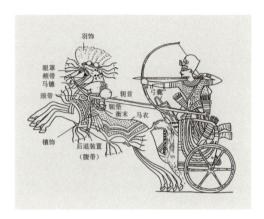

图 87 采用"轭—颈腹吊带法"的埃及战车

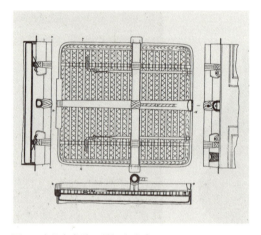

图 88 秦始皇帝陵 2 号铜车舆底

图 89 秦始皇帝陵 1 号车车轭

车的王海城指出，中国商代的马车也可能采用"轭—颈腹吊带法"，而且荷兰学者李特尔和格伦威尔指出，当时的腹带可能直接系在车衡上。秦始皇陵随葬铜车的腹带就是如此（图 88、89）。这除了传导向前的牵引力外，在马后退时可以把力传到车衡上，带动马车后退；马车急停时，也可以起到作用（图 90）。"轭鞧式"是在"轭—颈腹吊带法"的基础上更进一步，颈带不起牵引作用，只是防止轭脱落。赫梯帝国公元前 8 世纪的战车和中国古代战车相似，也是以轭传导牵引力，没有发现颈带。这样看，东西方早期马车的系驾方式还是有相似之处。

东西方早期战车结构细节比较

实际上，如果我们把中国商周时期的轮辐战车与欧亚草原、埃及和西亚马车相比，会发现它们有许多相似之处，甚至一些细微的地方也一样（图 91）。王海城教授在详细比较了东西方战车的基础上，把这些相同点归纳如下：

A：都使用辐式车轮，采用的技术都是揉木为轮；

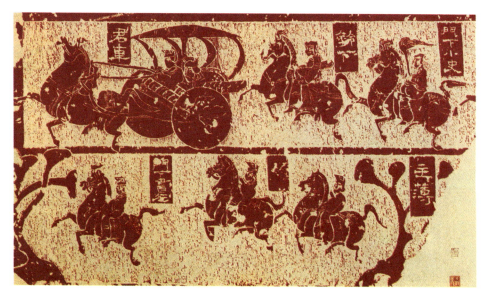

图 90　东汉君车画像

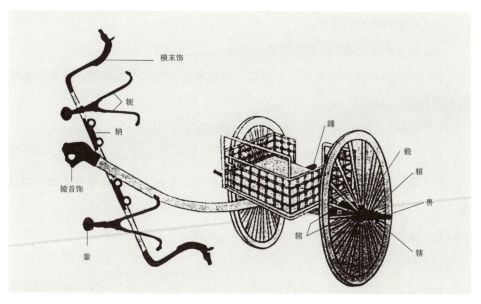

·图 91　中国战车结构图

　　B：轮牙一般是由两段材料搭接而成，轮牙的截面形状都是长方形或梯形，着地面窄，承辐面略宽，辐条入牙都采用了榫接技术；

　　C：辛塔什塔、鲁查申和商代的车轮，辐条数目多，辐条近毂端细而近牙端粗；

　　D：车毂的形状都是圆筒形或算珠形，长度相似；车毂内都储有润滑油，在车毂内侧可能还有皮子以减少摩擦；

　　E：都采用套的方式加固车毂；

　　F：都有伏兔；

　　G：都有轴饰，轴饰的结构相似；

　　H：都有车辖，车辖的形状、结构相似；

　　I：鲁查申和商代的车轴均置于车厢中部，西亚早期的车轴也是如此；

　　J：都有类似踵饰的装置以纳辕尾；

　　K：都有类似踵饰的装置加固车辕与前軫的结合；

　　L：车辕与车衡的连接，除了皮条绑缚之外，都使用木楔之类的东西将二者固定在一起；

　　M：都有曲衡；

　　N：车轭构造极其相似；

　　O：底平面形状相同，都用皮条编织底，上铺垫席；

　　P：发现的商代和鲁查申战车都有干栏式车厢，而商代那种围以皮革的车厢则与埃及的车挡相似；

　　Q：马镳、马衔、马鞭、弓形器的形制相似；

　　R：系驾方法类似或存在承接关系；

　　S：都采用了同样的技术制造马车，对马车的维护方法也有相通之处，而且都是由上层统治阶级控制着马车的生产；

　　T：都是统治阶级炫耀权力的工具，马车的使用是有等级的；马车在战争中所起的作用都还不是太大。

　　从构造到功能有如此多的共同特征，说明它们属于同一个系统，有共同的源头。当然，东西方的马车也确实存在着一些差异，主要体现在马车的大小、车马器的质地和装饰上，这种差异是由东西方不同的地理环境、文化传统等因素造成的，并不影响车子作为载人工具这一基本功能。而且，如果马车是从西方传入的话，必然要经过一个很长的时间和空间距离。在这种传播过程中发生一些变异恰恰是合情合理的。

岩画和甲骨文的佐证

岩画也可以在一定程度上充当马拉轮辐战车从西方传入中原地区的中间环节。在高加索地区、哈萨克斯坦、阿尔泰、蒙古国中西部以及我国新疆阿尔泰和天山、内蒙古阴山、宁夏贺兰山一带，均发现了特点大致相同的马车和轮车的岩画（图 92）。新疆阜康博格达峰北坡下的龙脊山岩画内容丰富，有单体动物和人物的画面，也有放牧、狩猎、驾车、战斗图等多人多物成组的大场景画面。其中的马群和马拉战车等图像非常有价值，这里集中了迄今新疆发现数量最多的马拉战车的形象，为研究商代晚期马拉战车在中原的出现提供了形象的资料（图 93）。这些马拉战车岩画的年代虽然不好准确地判断，但是现在很多学者都倾向于把它们中的一部分定在公元前15 世纪至公元前 10世纪左右或更早。

有趣的是，文字资料关于马车和牛车的记载也与非中原系统的人有关。商代甲骨文中有关马车用于战争的记载都表明，是商王朝的西方之敌

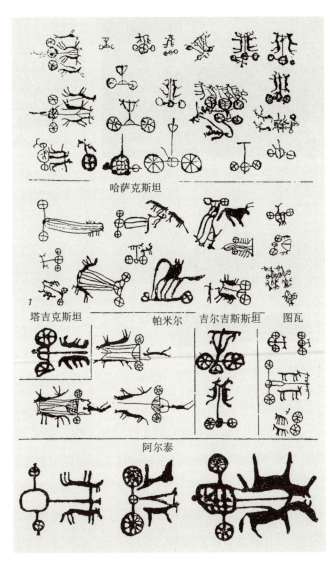

图 92 欧亚大陆发现的有关马车的岩画

图93 新疆博格达峰龙脊山车辆岩画

图94 周式车马器

首先把马车用于战场的。有学者认为，商代晚期著名的女将军妇好，是商代北方某个方国的公主，嫁给了商王武丁，而她的嫁妆之一就是战车，她墓中出土了北方系青铜器，甚至发现了来自欧亚大陆中西部的球形石权杖头和红玉髓。

周人的车马器特点及来源

众所周知，周人与西方人有着密切的关系。美国学者夏含夷根据车马器外在形态，主张商代的车可能源于周人，或者更有可能的是，二者的马车都是独立地从另外的一种类型派生出来的，在发展中形成了各自的一些特点。虽然还没有发现属于武王克商以前周人的马车实物，但是在陕西宝鸡斗鸡台、峪泉、代家湾和渭南南堡都发现过周式的车马器，至少有軎、当卢和车銮三种，与殷墟所见的不同（图94）。同时还有商式的马衔和马镳，时代约为殷墟四期偏晚至商周之际。

渭南南堡的车马器种类很多，有軎、辖、銮、当卢、铜泡等多种，出自一个附葬的车马坑，可惜车马坑已经全被破坏了，如果推测无误的话，它应该是目前所知最早的一座周人的车马坑。周人击败商朝建立周朝以前的考古文化（又叫先周文化）主要分布在关中盆地北部黄土高原上，较之商更接近西部齐家、四坝文化，分布在甘青地区和北方草原地带，并且一度和北方畜牧部族生活在一起，因此夏含夷的推测是有一定道理的。

西周中晚期之交的师同鼎铭文记载了周、戎之间发生的一场战斗。周方有一名叫师同的军官追击敌人，俘获了很多战利品，其中就包括5辆马车和20辆牛车，师同鼎的年代比我们所讨论的时代要晚，但是，我们完全有理由相信戎人很早就有这两种车，只是目前还没有被发现而已。

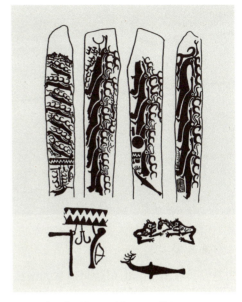

图95 蒙古草原鹿石上刻画的弓形器

"弓形器"用途之谜

在商周青铜器中，有一种器物一直是大家争论的对象，那就是"弓形器"（图95）。关于它的用途可以说是众说纷纭，后来大家认识到这是用来挂缰绳的，但有的人认为是挂在腰带上。因为北方草原的鹿石中有这样的形象，而且在殷墟大司空村1001号大墓东边的HPKM2124中发现5件弓形器。其中4件被横置在腰际（图96、97）。有的人认

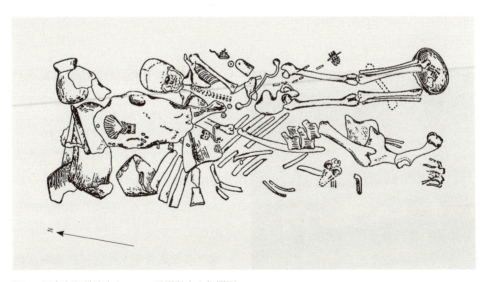

图96 河南安阳殷墟小屯 M164 弓形器出土位置图

图 97 河南安阳殷墟小屯 5 号墓出土弓形器

为是安装在车上。山东滕州前掌大南区墓地发现 5 座车马坑，均为二马一车。车厢前还有一个窄厢，窄厢内放置有戈、弓形器、骨管、象牙鱼形器、铜镞等。马头上装饰有海贝、铜泡等，当卢贴金箔（图 98）。郭家庄 160 号墓的弓形器出土在椁室西部，147 号车的弓形器发现在车厢底部（图 99、100）。所以从现在的考古发现看，弓形器不是直接固定在车上，如果是固定在车上，发掘时一般会保留在原来的位置，但考古发现中没有这样的例子。看来弓形器或是挂在腰上，或是通过绳系在车上，这种弓形器可能是中国北方民族发明的，尔后传入商王朝和南西伯利亚的卡拉苏克文化中。

图 98 山东滕州前掌大墓地的车马器

中国战车来源的推测及其发展

双轮战车还有一个最重要的构成部分，就是作为牵引力的马。前面已经提到这个问题，中国的驯化马可能是从西部的草原传入的。和马一起传入中国的就是突然在商代出现在中原地区的双轮马车。从公元前二千纪初欧亚草原诸青铜文化之间存在的文化交流现象考察发现，轻便的轮辐式马

图 99 河南安阳郭家庄 160 号车马坑

图 100 河南安阳郭家庄出土弓形器

拉双轮战车可能在中国夏商时期通过草原传到了中国。与轮辐马车同时传入的，可能还有无辐车这一类型车。中国人可能在双轮战车传入之前，已经发明了车，但极有可能是非常原始的车。当先进的战车传入后，人们就立即采用了它，并不

图 101　河南郑州洼刘遗址西周早期 2 号车马坑的驷马马车

断完善。中原发达的青铜文化对传来的马车在大小、装饰方面进行了较大的改造，商代时已经"国产化"了，中原人已经能够自己制造和驾驭马车了。西周以降，车战成了战争的主宰，四马战车的双轮辗遍了中原大地，荡起了遮天蔽日的征尘。西周早期的小盂鼎、晚期的多友鼎中的铭文都反映了周人使用战车的情况。西周时期的战车在河南、陕西、山东都出土了，惜已朽毁。从朽痕观察，此时的战车仍沿用商代战车的形制，为单辕方舆双轮式。随着战争的发展，战车的形制以及车上的武器装备也在不断改进，运转更加灵便。为了增加速度和冲击力，周代战车改为四马驾挽，四匹马驾车，中间的两匹叫"服马"，两侧的两匹叫"骖马"。车轮的直径相应地变小，辐条增多，使战车的重心降低，从而更加平稳，而且更加坚固。2000 年，河南郑州洼刘遗址发现的西周早期贵族墓地中，清理了两个车马坑，其中 2 号车马坑的驷马马车，车厢底部的结构比较清楚（图 101）。

一器而工聚焉者，车为多——战车的结构

关于商周时期使用战车的形制。先秦文献中有些记载，在《考工记》里保留有较详细的记录，但具体情况并不清楚。自中国科学院考古研究所首先在河南辉县琉璃阁成功地剥剔了战国时代的车子以后，陆续在安阳大司空村、孝民屯发掘了西周的车子，在河南上村岭虢国墓地发掘了春秋的车子，1972年至1973年陆续在安阳孝民屯南地发掘了商代的车子，专家还根据发掘资料复原了商代的马车。1976年又在山东胶州西庵成功地剥剔了西周的车子。还在北京琉璃河发掘了西周的车子，在洛阳中州路发掘了战国的车子（图102～104）。之后发现的车马就更多了。这一时期的车子都是独辕，两轮，方形车厢，长毂，车辕后端压置在车厢

图102 河南上村岭虢国墓地发掘了春秋的车马坑

图103 河南安阳孝民屯南地发掘的商代马车

图104 北京琉璃河燕国墓地出土车马

图 105 陕西西安张家坡西周墓马车综合复原图（刘永华复原并绘制）

下车轴上，辕尾稍稍露在箱后，辕前端横置车衡，在衡上缚轭，用来驾辕马，轮径较大，辐条 18～24 根，车厢的门都开在后面，车前驾两匹或四匹马（两匹骖马、两匹服马），随着时间的推移，轨宽逐渐减少，车辕逐渐缩短，而轮上辐条的数目则由少增多（图 105）。

考古学家郭宝钧在《殷周车器研究》中把战车按功能分为转动部分、曳引部分、承载部分和系马部分。中国国家博物馆的孙机也基于考古发现，参合文献，对先秦至汉的车马构件作了详尽的考证和流变研究。故宫博物院罗小华对战国简册中记载的车马器物和制度进行了深入的研究，特别提出车载器的概念。台湾学者吴晓筠，沿用郭宝钧的分法，研究了商周车马的埋葬制度。下面我们综合他们的研究对战车的结构做简要的介绍。

转动部分

首先是毂，位于车轮中间，是车轮辐条凑集的地方，中间是木毂，铜毂套在外，加固木毂，上有一圈榫眼以装辐（图 106）。轮辐是木质，一头插在毂中，一头插在轮辋上。商代的轮辐多为18根，但也有装22根或26根的，春秋时有装28根的，但直到战国中期，仍以装26根辐的为多。轮辋是车轮接地的轮圈，将直木用火烤后揉为弧形拼接而成，轮辋交会的地方用牙饰进行加固。毂饰总的发展趋势是以越来越多的铜饰件加固木毂，由木毂两端加铜饰件演变为分别于木毂两侧、中部及辐间加铜饰件，进而将钏、分段套合在一起，再发展出合铸型的铜毂饰（图107、108）。毂中加注润滑油膏，减少固定的车轴和车毂的摩擦。

车轴上铜器有軎、辖，两者配套使用，置于轴的两端，是用来固定车轮防止外移的部件，并且保护露出的木车轴。车轴的两端套着軎，軎作圆筒形，一端粗一端细，较粗的一端有穿和辖键相扣（图109～111）。軎上都装饰纹样，总的演

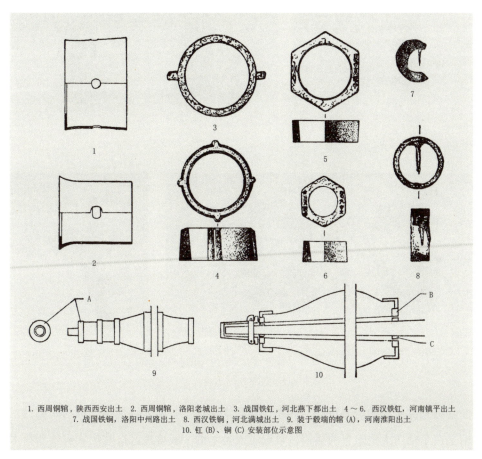

1. 西周铜辖，陕西西安出土　2. 西周铜辖，洛阳老城出土　3. 战国铁釭，河北燕下都出土　4～6. 西汉铁釭，河南镇平出土
7. 战国铁铜，洛阳中州路出土　8. 西汉铁铜，河北满城出土　9. 装于毂端的辖（A），河南淮阳出土
10. 釭（B）、铜（C）安装部位示意图

图106 毂的零件和结构线图

图 107 河南洛阳北窑出土西周铜毂

图 108 河南洛阳北窑出土西周车軎

图 109 陕西西安沣西张家坡西周墓地出土附辖的軎

图 110 河南三门峡上村岭虢国墓地出土軎

图 111 辽宁建昌东大杖子战国车軎

图 112 河南洛阳北窑西周车辖

变趋势是由长軎向短軎过渡，后来在軎的末端加上折沿，以加强车軎的耐磨性。辖是在车轴两头固定軎的插销，早期可能是木的，殷墟地区以套头式铜辖套在木辖顶端。在河北灵寿发现的商代文物中有一件通体铜辖，和殷墟的不同，这种辖的辖首背面加一铜板，使辖的使用可以更为持久。后来出现带宽折沿害的使用，这个辖首背面的铜板就多余了，变为不带底板有键辖。此外还有人形辖（图112）。

在车厢两侧轸与轴相接处，有垫木叫作伏兔。伏兔的外侧是轴饰，又叫铜笠毂，在毂和车舆之间的车轴上，是一种管状、一端带近梯形板的铜饰。铜板覆盖于近舆一侧的车毂上，可以挡掉部分泥水污物，以保护车毂，并起装饰作用。这两个部件都是从西周时才有（图113）。

图113 河南洛阳北窑出土西周轴饰

图114 河南安阳郭家庄马车舆底轴和辕的结合

曳引部分

战车的曳引主要通过连接车轴和衡的辕（古代文献中单辕叫"辀"，双辕才叫"辕"，为通俗易懂，后面都称为"辕"）来进行的，辕上使用的铜器主要有轭饰、軏饰和踵饰三种。轭饰置在辕的前端，軏饰位于辕和舆前轸的交会处，踵饰则套在辕末端与车舆后轸的地方。在张家坡M170中发现了辕颈饰，是在轭饰之后套于辕上的铜饰，比较少见。车轴和辕垂直相交。自商到战国中期的车，轴上侧和辕下侧一般都凿出凹槽，以使二者互相卯合（图114）。但在轴和辕上凿槽会影响坚固性。战国晚期出现将辕直接放在车轴上的装置方法。秦车在二者之间垫当兔。

轭饰有的在辕的前端或水平状突出于衡前，或略向上弯曲，直立于衡前。颈部上下各有一孔，是用来穿键，以固定在辕上，并穿系皮条缚连衡木。由于轵饰相当于今天轿车的前脸，是最显眼的，所以特别受重视。轵饰最初是兽首形的，非常精美，喇叭状圆筒形的出现后和兽首形的并列发展，最后出现简单的圆柱筒形（图115）。战国到西汉的轵饰非常豪华，是错金银轵饰，还有漆器的轵饰（图116、117）。

　　軏指的是舆前的軨木，軏饰的目的是与辕后面的踵饰配合稳定车舆（图118）。有两种，一种由一长条形中凹铜板与一长条弧形铜板相连接而成。弧形铜板覆盖于车辕上，长条形铜板则嵌在舆前车軨上。另一种是"十"字形。车軨上有装饰。

图115　陕西西安沣西张家坡西周墓地出土兽形轵饰

图116　河南辉县固围村战国错金银轵饰

图117　湖南长沙浏城桥楚墓出土漆轵饰

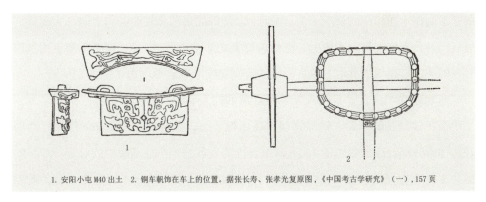

1. 安阳小屯 M40 出土　2. 铜车軏饰在车上的位置。据张长寿、张孝光复原图，《中国考古学研究》（一），157 页

图 118　车軏饰和所在位置图

图 119　燕国踵饰

图 120　河南洛阳北窑出土西周衡内饰

辕尾起初与后轸平齐，后来常稍稍露出于车厢外，可以作为上车的踏脚，所以装在辕尾的踵饰不但是一种铜质装饰物，也有实用价值。总的说，踵饰的发展是一个退化的过程。最先是"T"形铜板对车辕末端的加固，并且有装饰的目的，随着车厢降低后，只是为了加固车尾，到最后的短筒形和簸箕形的只是剩下踵饰的形式，西周晚期便消失不见了（图 119）。

衡是连接轭和辕的横木，有直和曲两种。衡上常见的铜器有轧饰、衡中饰、衡末饰、辖、銮、轭、兽面饰等，其中轭、辖具有实际的功用。衡中饰位于衡的正中，器背上有一提梁状纽；衡内饰置于衡中饰的两旁，衡内饰为两端透空圆管状，一车配衡内饰两件（图 120）；衡末饰位于衡的两末端，形式比较多，有三角盾形、铜矛形、管状、兽首形和铲形。曲衡饰，为曲柄管锥状，这种曲衡是将曲衡饰的大径套在直衡的两端，而上翘部分的曲衡饰的小径内安小衡木，外端再接衡矛，避开了制作木质曲衡的复杂工艺。因此，曲衡饰的出现是轮舆制作上的一大改进。另有一种兽面饰多发现于衡上，亦当为衡上之饰物（图 121）。轙是车衡上用来贯通辔的环，车轭缚于其上，考古发现的有双兔形和双环形（图 122、123）。

车轭附在车衡上，呈"人"字形，末端向上卷曲，内侧有轭垫，架在马颈，是用来扼住马颈的车器。铜轭饰包附在木轭之上，具有加固及装饰的作用。西周开始在部分轭首端加銮（图 124）。铜轭饰的发展是一个逐渐减少的过程。较早的轭几乎将木轭完全包住，这可能是因为揉木的技术还无法将木轭完全定型，所以需要借铜轭饰来加固木轭。随着技术的进步，轭肢部分的铜料逐渐减少，较细的

图 121 衡及曲衡末

图 122 陕西西安沣西张家坡西周墓出土轙

图 123 河南洛阳北窑出土西周车轙

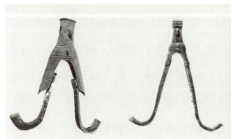

图 124 陕西西安沣西张家坡西周墓衡上的轭及其出土情况图

图 125 河南偃师二里头遗址二里头文化墓葬及出土铜铃

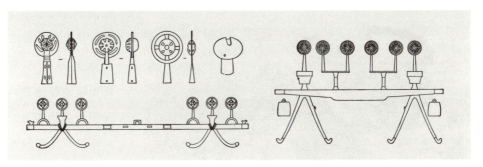

图 126 銮铃及銮铃的装法

铜轭肢也不见与轭箍搭配使用，轭肢的部分逐渐退化，最后包裹在轭肢外的薄铜片消失，只剩下轭首与轭足了。

銮主要被装饰在轭首及轭两边的衡上。文献记载夏代的车上就装有木舌铜铎，相当于夏的二里头文化中没有发现车，倒是发现了这样的铃（图 125）。商人不使用銮铃，周的铃为椭圆形，内含铜丸，表面有辐射状三角形镂空，周边饰有带镂空的扁平宽边。銮除了作为一种视觉装饰品之外，还具有以声响代表上层地位的意义（图 126）。《礼记·玉藻》："君子在车，则闻銮和之声，行则鸣佩玉。"《诗·大雅·韩奕》："百两彭彭，八銮锵锵。"

承载部分

车舆就是车厢，是车上载荷人员的部件，是一个后部开口的横方形车厢，有

图 127 河南三门峡上村岭虢国墓地 1727 号车马坑

图 128 河南郑韩故城车马坑出土马车车舆

大小两种，大的容 3~4 人，小的容 2 人。车厢前栏杆的顶部横木叫"轼"，由于在车上行礼时要伏轼致敬，后来就把轼朝车厢中部移，人站车厢中间，既保持平稳又容易行礼。从上村岭虢国墓地 1727 号车马坑可以清楚地看到车舆后部的细节，4 号车可以看到车轼（图 127）。车厢底部的边框叫"轸"，轸间的木梁叫"桄"。早期立乘，在桄上铺木板，后代由于坐乘

的需要，就用革带编箱底，并在上面垫各种柔软的垫子。车厢的栏杆叫"輢"。舆上髹漆，并有装饰，有铜质和蚌质等。车舆上的装饰物主要是用于车轸上的轸饰，以及较饰、輢饰、栏杆饰等装饰物（图 128）。车舆上一般有盖以挡风遮阳，盖一般为伞形，柄的顶端膨大，上面铸出榫眼以装盖弓。盖弓中部和尾部常有小孔，以备穿绳将各条弓牵连起来。其上再蒙覆盖帷。盖弓帽即位于盖弓的末端，在盖弓帽上突出一个棘爪，用它钩住盖帷的缯帛以把它撑开（图 129）。车盖都是能随时拆装的，因为刮大风或战车参加战斗时，都要把盖拆下。人从车厢后部的开口

上，勇士一跃而上，王者登车则讲究仪态，要踏着乘石上。车上盖杠上部有绳套供抓握保持平稳。在车厢左右两边还装有横把手供抓握，叫"较"（图130）。迄今最早的发现是河南浚县辛村西周车马坑中的较。由于商代的车没有供抓握的构件，车厢又低矮，可能当时人是跪坐在车上。

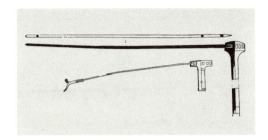

图129 车盖弓和盖弓钩

御马器

御马器首先是衔，俗称"马嚼子"，勒在马嘴里以便驾驭马。衔由二至三支两端带环的柱状体相套接而成，最末端的环与镳相接。镳位于马两颊上，是以皮条连接衔及马笼头以制马的一种器物，有方形、圆形、角形、细长"S"形和细长条形（图131）。有的镳和衔与一种带乳钉的"U"形器相接，使用时将带钉的一面朝向马两颊，拉绳时使马感到刺痛，以便达到制马、驯马的功用。西周晚期至春秋中晚期的夏家店上层文化中发现直接带刺的马镳，这种马镳在欧亚草原上十分流行（图132）。马笼头由皮条纵横交叉或衔接构成，皮条在交叉处或需要加固耐磨的地方用

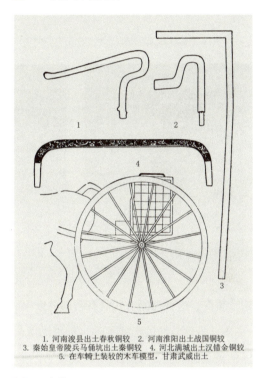

1. 河南浚县出土春秋铜较　2. 河南淮阳出土战国铜较
3. 秦始皇帝陵兵马俑坑出土秦铜较　4. 河北满城出土汉错金铜较
5. 在车轼上装较的木车模型，甘肃武威出土

图130 车较

图131 陕西西安沣西张家坡墓地出土西周卷龙纹马镳

图 132　内蒙古赤峰地区夏家店上层文化出土带刺马镳

图 133　西周马笼头复原

图 134　北京琉璃河出土西周燕国当卢

图 135　河南三门峡后川出土战国当卢

铜管贯穿，这种加固方式具有装饰的效果，这些各式各样的铜管就叫"节约"（图133）。虽然节约的形式很多，却因为革带的基本编组方法固定，各类节约配合不同的需要互相搭配使用，所以各类节约的穿系方法由早期到晚期的变化不大，多数形态也因此一直延续下去。最显著的变化表现在装饰纹样上。马头上的装饰有当卢、马冠、马笼嘴中轴、镳形饰和铜泡。以当卢和马冠最为吸引人，当卢在马额头上，马冠在马头上，一般都是兽面（图134～137）。马笼嘴中轴是串在笼嘴上的细长铜饰，下端略有弧度，置于马面正中至马口，防止马匹咬噬和途中啃物。镳形饰置于马鼻梁骨上，上端为宽弧形，下端为三角形，背有双横梁。铜泡起装饰作用，主要用于马络带、车衡及车舆上。我们从郭家庄 52 号墓出土的车马坑及车马器线图可以看到中国古代车马器的完整组合（图138、139）。刘永华根据考古发现，综合复原了西周有人驾驭的轮辐式双轮马车（图140）。

图 136 陕西西安沣西张家坡西周墓出土马冠

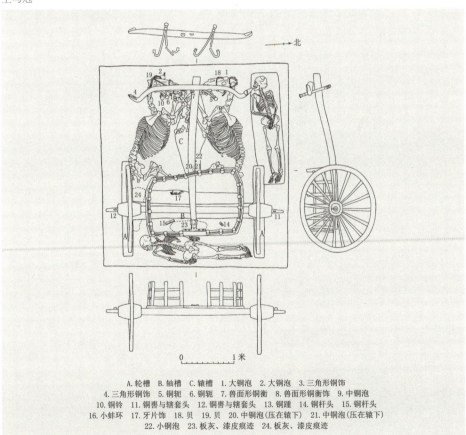

1. 张家坡168二号车马坑出土马冠　2. 茹家庄BZM13:128出土马冠
3. 曲村出土马冠　4. 辛村M2:39出土马冠　5. 曲村M6195出土马冠

图 137 不同马冠线图

A. 轮槽　B. 轴槽　C. 辕槽　1. 大铜泡　2. 大铜泡　3. 三角形铜饰
4. 三角形铜饰　5. 铜轭　6. 铜軏　7. 兽面形铜衡　8. 兽面形铜衡饰　9. 中铜泡
10. 铜铃　11. 铜軎与辖套头　12. 铜軎与辖套头　13. 铜踵　14. 铜杆头　15. 铜杆头
16. 小蚌环　17. 牙片饰　18. 贝　19. 贝　20. 中铜泡（压在辕下）　21. 中铜泡（压在辕下）
22. 小铜泡　23. 板灰、漆皮痕迹　24. 板灰、漆皮痕迹

图 138 河南安阳郭家庄商代晚期 52 号墓车马坑

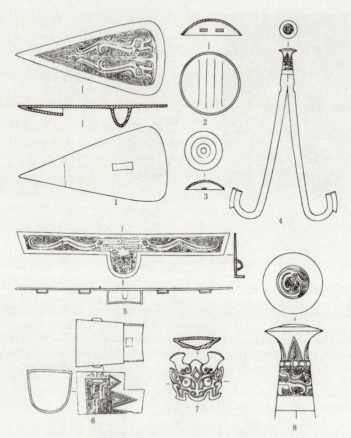

1. 铜三角形饰 M52：3　2. 大铜泡 M52：2　3. 中铜泡 M52：9
4. 铜轭 M52：6　5. 铜踵 M52：13B　6. 铜踵 M52：13A　7. 铜衡饰 M52：7
8. 铜轭首 M52：6细部（4. 约1/7, 5、6、1/4, 7. 1/2, 余皆约2/5）

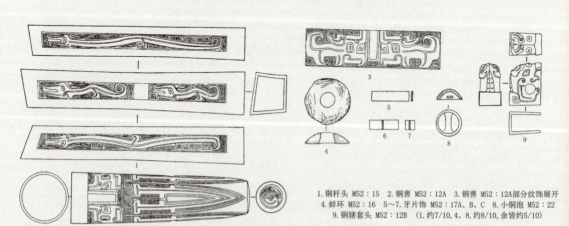

1. 铜杆头 M52：15　2. 铜軎 M52：12A　3. 铜軎 M52：12A部分纹饰展开
4. 蚌环 M52：16　5～7. 牙片饰 M52：17A、B、C　8. 小铜泡 M52：22
9. 铜辖套头 M52：12B（1. 约7/10, 4、8. 约8/10, 余皆约5/10）

图 139　河南安阳郭家庄商代晚期 52 墓出土车马器线图

图 140 西周车马复原（刘永华复原并绘制）

贵族的战争——考古所见商周的军事技战

在考古发掘的时候，有些车子的上面或者旁边，放置有各种武器，例如安阳大司空村 175 号车上就有武器，这辆车可能是属于作战用的战车。另一些车子虽然没有武器，但是与之有关的墓葬里出土有成组的武器，因此它们之中也可能有战车。中国社会科学院考古研究所杨泓研究员从这些发现中探索了当时兵器组合、人员构成等一系列问题。

人员构成

文献记载一乘战车应当有三人，《诗·鲁颂·閟宫》郑笺："兵车之法：左人持弓，右人持矛，中人御。"《尚书·甘誓》伪孔传："左、车左，左方主射。右、车右，勇力之士执戈矛以退敌。"《左传·桓公三年》记载：桓公三年（公元前 709 年）春，曲沃武公出兵攻打翼侯，他的战车"韩万御戎，梁弘为右"。山东胶州西庵出土的战车反映了文献的记载，靠左侧主将位置有一组制作精美的戈、钩戟各一件，

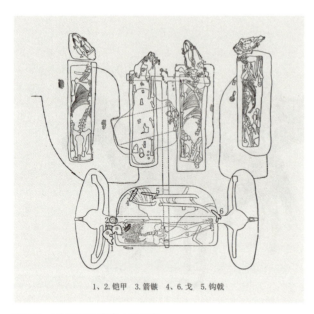

1、2.铠甲　3.箭镞　4、6.戈　5.钩戟

图 141 山东胶州西庵出土的战车

箭镞十枚和铠甲。靠右侧的"车右"只有一柄戈。中间是御手，他的任务就是御马驾车。因为当时的马车都是单辕，在辕的两侧各驾一马或二马，所以驾车的人只有站在正对车辕的正中位置上，才能保持车子的平衡和很好地控制中间的服马和外侧的骖马（图 141）。这种一乘车有三个乘员的制度，早在商代就已经被采用了。

从考古材料来看，过去在安阳殷墟发掘的小屯 C 区 M20 车马坑中，原来埋有一辆四马的战车，还殉入了这辆车上的三个乘员和他们的武器，可惜车子的朽痕没能剥剔出来，推测其形制当和安阳发掘出土的其他商代马车相同，再从已经发掘出土的商周时期车子车厢的宽度来考查，它们一般宽 130～160 厘米，进深 80～100 厘米，其中以西庵出土的最宽，为 164 厘米，如以一个人平均体宽 42 厘米计算，车厢的宽度并列三个乘员是完全可能的。

车战的指挥系统

战车上的指挥系统有两种，一种是标明主将指挥位置的大旗，一种是指挥进攻的金鼓，它们安置在主将和各级将领的车上。作战的将士根据金鼓之声或进或退，以保持协调统一。所以在战斗开始以后，主将不论遇到什么情况，都要保持鼓声不停，自己的军队才不致失去指挥。《左传·哀公二年》记载，赵鞅率军在铁丘（今河南濮阳北）与郑国作战，双方打得很激烈，最后赵鞅取得了胜利。事后赵鞅向众人自夸：我受伤后趴在弓韬上口吐鲜血，但仍奋力击鼓，指挥攻击，今天我的功劳最大。晋齐"鞌之战"中，晋国主将受了重伤，仍以坚强的意志，击鼓不止，御手解张一面控缰驾车，一面帮助击鼓，才保证了战斗胜利。当时鼓的形制，从甲骨文和金文中鼓字的形象可以推知，它不是像后代那样平置的，而是横悬的，在楚墓里出土了很多这样的实物。但是这种鼓在战车上究竟怎样具体安置才能使它既便于使用又不至于影响主将和与敌人的搏斗的视线，现在还不清楚，有待在今后考古工作中继续解决。《诗·清人》记载"将居鼓下，故御者在左"，可能指挥车是专职进行擂鼓指挥，并不要求车上的人战斗。这种车在战斗中受到特别的保护，如果建旗鼓的车都受到毁灭性的攻击，可能也意味着战斗失败了。当时旗的样子和位置，可以从晚期铜器的图像中看到，它们大约斜插在车厢的后部，这可以减少直立带来的风阻力，同时也避免妨碍乘员进行战斗（图142）。在车战中，鼓置于指挥车中间，其形状在四川成都和河南卫辉山彪镇出土的水陆攻战纹铜鉴图案中可以见到。金是如钟、铃一类的乐器，它们在战车上配合鼓使用，或"节鼓"，或"通鼓"，或"止鼓"，各有用途（图143）。常言"闻鼓而进，闻金则退"不过是后人笼统的说法。

图 142 铜器刻画和铭文所示战车上的旗

车战的兵器组合

车战的兵器组合，古籍中称之为"车之五兵"。对于"车之五兵"的种类，古书的记载不一。大部分考古发现资料证实了《五经正义》中记载的"车之五兵"是"矛、戟、剑、盾、弓"。不过战车兵器的组合有一个发展的过程，另外也有地域和时代的特点，屈原的《国

图 143 四川成都出土战国水陆攻战纹铜器展开图

殇》中提到了车战所用的兵器，如犀甲、吴戈、秦弓、长剑等就体现了这样的特点。

　　车御、车左、车右在战斗中有不同的职责，所用兵器也按需分配。商代以小屯 C 区 M20 车马坑为例，车上三个乘员各有一套武器，其中"车右"那一组最典型，包括远射的弓矢，弓箭已朽毁，只剩下了镞头，镞头每组十枚，一组是青铜镞，另一组是石镞。用来格斗的长柄武器是戈，有铜质的和石质的各一件。用于卫体的短兵器是长 32 厘米的马首曲柄剑。另外，还有磨武器的两块砺石（图 144）。剑应当是由西亚、中亚通过草原地带传入中国的，中国最早的剑发现在内蒙古河套地区的朱开沟遗址中，时代相当于商代早期，它的特点是身短灵巧，只适合贴身肉搏（图 145）。安阳小屯 72 号车马坑的战车上，随葬了三套兵器。第一套以远射兵器为主，配备了弓箭、一柄青铜戈和一柄青铜短刀，属于主射的车左。第二套有弓箭、青铜戈和石戈，还有一把防身卫体用的青铜短刀，这套兵器以格斗兵器为主，属于车右。第三套有一柄驱马的马策，说明是负责驾车的，他的兵器只有一柄石戈和一柄供防身卫体用的青铜牛首短刀。

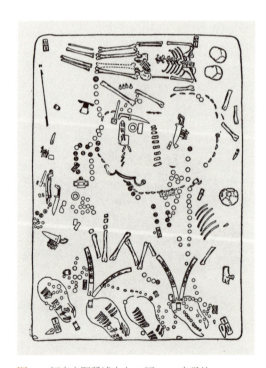

图 144　河南安阳殷墟小屯 C 区 M20 车马坑

　　西周时期的车战分工更为明确，兵器杀伤力和防护有所增强。比如山东胶州西庵出土战车中间的御手位置未出土兵器，没有卫体武器，战斗兵器出现了格斗的戟和防护的铠甲。北京昌平白浮墓地 M3 为西周中期，以车、辖代表车马，出土格斗兵器一戟、九戈、二矛、一钺、两柄铜斧，远射兵器为弓箭，卫体兵器是四把青铜短剑和一柄匕首，防护装具有盾牌、青铜胄以及钉满铜泡的战靴等。

　　为了使固定在木柄上的戈更加牢固，戈的胡部加长，穿加多。西周时期的青铜矛比商代的矛体型

图 145 内蒙古东胜朱开沟遗址发现的铜剑和铜刀　　图 146 北京昌平白浮西周墓出土鹰首直柄短剑和
蘑菇状镡首直柄短剑

小些，但矛锋更为锐利。戟在商代晚期就已出现，为矛和戈连装在一起的形式。西周的戟与之不同，是一种十字形戟，铸造工艺复杂。

两周车战的卫体兵器是一种直柄青铜短剑，在昌平白浮墓中，商代晚期以来的曲柄短剑已经呈衰落之势。墓里出土的鹰首、马首和蘑菇状镡首直柄短剑是新北方系短剑最初的样式，和南西伯利亚的卡拉苏克文化短剑属于同一个系统（图146）。甘肃灵台白草坡西周墓出土的一柄剑身作锐长三角形，两边饰卷云、三角纹，剑身后有短短的扁片形剑茎，长 24 厘米，剑鞘以青铜铸成外罩，透雕一条盘曲缠绕的灵蛇，鞘口两侧各雕一牛，造型有一种奔放的外张力。相似的剑鞘在北京房山琉璃河西周墓也有出土。中国文明把这种外来的武器发展到极致，以至于最后铸成了像越王勾践剑那样工艺卓绝的青铜艺术珍品（图 147）。

车战的防护装备

1934～1935 年，梁思永先生在发掘安阳侯家庄 1004 号墓时，在墓道的北口发现有大量青铜胄（头盔）。它们和戈、矛等武器放置在一起，总数在 140 顶以上（图148）。胄外面打磨光滑，兽面等装饰都是浮雕，凸出胄面。但胄的内侧仍保持着

图 147　越王勾践剑

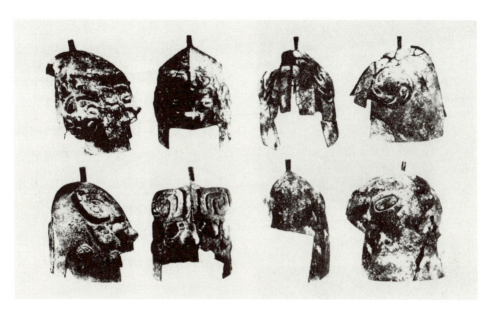

图 148 河南安阳侯家庄 1004 号墓出土商代铜胄

铸造时的糙面，凡有装饰花纹处也都向外凸出。因此，当时在胄内还附有软的织物作衬里。铜胄的形制大体近似，都是范铸的，合范的缝正当胄的中线，形成一条纵切的脊棱，把全胄均匀地分成左右两个部分，胄面上的纹饰就是以这条脊棱为中线向左右对称展开。胄的左右和后部向下伸展，用以保护耳朵和颈部。不少的铜胄正面铸出兽面纹饰，在额头中线处是扁圆形的兽鼻，巨大的兽目和眉毛在鼻上向左右伸展，与双耳相接，有的还加有两支上翘的尖角。圆鼻的下缘就是胄的前沿，在相当于兽嘴的地方，则露出了战士的面孔，显得很森严威武。兽面有两种，一种是饕餮纹，一种是虎纹，古人相信这些猛兽的力量会帮助他们所向披靡。也有的胄上不饰兽面，只简单地铸出两只大眼睛。更有的胄上连眼睛也没有，而是凸出两个代表光明的大"炯"纹。在胄的顶部，都有向上竖立的铜管，用以安装缨饰。商周时期金文中的"胄"字，的确是形象地模拟了实物，同时还清楚地表现出高高竖立在头盔顶部的缨饰，这些缨饰在出土的铜胄上已经看不到了。传为安阳侯家庄出土的一件铜胄，高 23.5 厘米，重 1800 克，它的形状与上述侯家庄出土的标本大体相同，只是纹饰不太一样。由于有不同纹饰的头盔，推测可能当时不同的等级或军种戴不同的头盔，或者是不同的场合戴不同的头盔。头盔在

图 149　河南安阳侯家庄出土铜胄

图 150　北京昌平白浮西周墓出土铜胄

图 151　内蒙古宁城南山根墓地出土铜胄

当时并不普遍，只是在商王一级的墓中才有发现，应当是商王卫戍部队的心腹大将才有资格佩戴（图 149）。

西周的甲胄至今出土不多，而且发现头盔的都是周文化北边的文化，尤其以北京昌平白浮西周墓中出土的两顶最值得注意。其中二号墓中的那一件与商代的兽面头盔不同，全胄的表面光滑平素无任何纹饰。铜胄左右两侧向下伸展，形成护耳，胄的下部较敞，在胄顶中央纵置网状长脊。脊的中部有可以系缨的环孔（图 150）。三号墓的那一件有残，胄顶部没有纵脊，而有一圆纽，纽中穿孔，用来系缨。同时，在二号墓里除了铜胄以外，还在尸体腿部发现有一组排列整齐的小铜泡，共计 125 个，可能是缀在皮靴上护腿用的。北京琉璃河西周墓地出土了相同铜胄，夏家店上层文化的宁城南山根墓地也出土了铜胄（图 151）。日本学者高浜秀认为这种头盔起源于中国北方，在山西柳林高红的商代墓葬中就有发现，类似的头盔在欧亚草原上广泛流传，一直到黑海北岸地区都有。

山东胶州西庵的西周战车上发现了一套青铜兽面纹胸甲，为我们了解这时期的个人防护装备提供了实例。

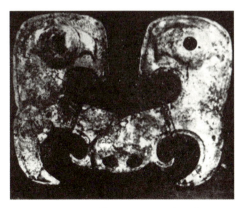

图 152 山东胶州西庵出土的西周战车上发现了一套青铜兽面纹胸甲

图 153 陕西西安沣西张家坡墓地出土西周的青铜马胄

这件胸甲由左、中、右三片组成，左右两片形制相同但方向相反，全形呈兽面状，宽 37 厘米、高 38 厘米。胸甲的中片是一个巨大的兽鼻形，并开有两个圆鼻孔，在与左右甲片相连的边缘上角各开了一穿孔，鼻孔两侧向下弯出獠牙各一枚。后背是两个直径 11 厘米的圆形甲泡。胸、背甲边缘都有小穿孔，看来这副青铜的护胸甲是钉缀在皮革或其他质料的甲衣上使用的。把这三部分组合起来，刚好适合身体的宽度（图 152）。在陕西张家坡墓地还发现了西周的青铜马胄（图 153）。不过当时主要还是使用皮甲，商代到战国的皮甲已经被发现。早期的皮甲，例如在安阳商代墓葬里发现的皮甲遗痕，是整片皮革制成的。其后发展成先裁成小的甲札（甲片），然后再编缀成整领的铠甲，这样灵活便于作战，春秋至战国时期楚墓里出土的铠甲标本，都是这样制成的皮甲。车战用的盾牌形制都较大，多数皮质，上面钉缀有青铜的部件，以加强防护能力，这些部件有的是大小不等的圆泡状，也有组成图案的，例如琉璃河 53 号墓出土的一副盾牌，由七个部件构成形象狰狞的兽面，既是一种装饰，又可达到威严吓人的效果。

车战的特点

从上面介绍的关于战车的基本形制、乘员的情况和武器装备等方面来看，要装备一乘战车，需要花费相当可观的经费，同时，为了使车加固和更加漂亮，往往在车的有关部位装上青铜铸造的部件，这些部件都铸出精美的纹饰。至于马具，有的也制作得精美华丽，还在马头上戴马冠、当卢和銮。胶州西庵的战车有几十件青铜的车马饰件，这样就要花费更多的经费。因此，当时能够拥有战车的，只有统治者阶级，战车上配备的主要乘员，都属于贵族。《管子·版法解》："武王伐纣，士卒往者，人有书社。""书社"就是封邑，西周初年，周族的氏族成员，最不济的也做了"禄足以代其耕"的下士，也就是车上的战士。所以孔老夫子讲究的"六艺"中的"射"和"御"还是士所必修的内容。总体来看，这种以战车为主力的军队编制，正是奴隶制社会关系的产物。奴隶主披挂齐全地站在战车上，奴隶拿着简陋的武器跟在后面，这些奴隶就是当时的"徒兵"，每辆车配的数目，最少有 7 ~ 10 名。禹鼎铭中有"戎车百乘，斯骏二百，徒千"，根据这样的比例，正好是一乘车配备有 10 名徒兵。这些徒兵装备简陋，所以当时战争的规模不大，决定战斗胜负的，主要是靠贵族之间的车战。当一方的战车被击溃以后，真正的战斗就结束了。

战车本身的特点，不仅影响着当时的编制，而且对战斗队形、作战方式等等方面，都起着决定性的影响。首先战车是笨重的，一乘车大约宽 3 米，驾上马以后，全长也有 3 米左右，也就是说一乘战车至少要占 9 平方米的面积，同时轮大厢短，运转不灵活，加上又是单辕，而用缚在衡上的轭驾马，全靠马缰来控制四匹马，所以驾车很不容易，除非受过专门训练，否则很难胜任。车体既笨重，驾驶又困难，因此临阵变换队形难以办到。又由于车体长、面积大，同时当时矢的射程有限，所以难作纵深配置，也无法采用纵队的队形战斗，而只能采用一线横列作战，这是车战的特点之一。双方战车列成横排互相接近，首先是用弓矢对射，接着是互相逼近格斗，这就又受到了战车本身结构上的限制，使得在两车正对驶来的情况下，车上的乘员无法互相格斗，所以双方只有在两车相错时才能进行近距离战斗，这是车战的特点之二。战车的轮径大，车厢宽而进深短，又是单辕，为了加大它的稳定性，车毂必然要长，所以两车错毂时，两辆车的车厢侧面有一定的距离，因此只能使用长柄的格斗武器互相砍刺，无法用卫体的短剑、短刀来互砍，这是车战的特点之三（图 154）。只有到了车毁马伤，不得不弃车时，才可能用上卫体的刀剑，不过那时已经挽救不了失败的命运了，这是车战的特点之四。实际上，车上的短兵器还有个作用，就是防备攻击车上人员的"徒兵"。两车相战时，并不是来来回回错毂，因为转一次弯不容易，不像后来骑马作战，可以来上几个回合（实际上，就是骑马作战，真打起来，也是纠缠在一起厮杀），一旦交手，两车就处于相对静止的状态，此时两军处于混战，徒兵就可能围攻战车，车上左边的成员就必须协防和助攻，用弓箭射杀对方战车上的成员，并利用自己高度优势和战车车厢来阻止徒兵的进攻。这时长兵器和短兵器都将派上用

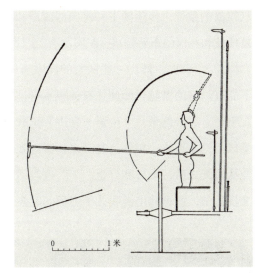

图154 战车戎右兵器杀伤范围示意图

场。正如《司马法·定爵篇》说："弓、矢御，殳、矛守，戈、戟助。凡五兵五当，长以卫短，短以救长。迭战则久，皆战则强。"

聚焦礼仪——战车在祭祀、礼仪活动中的功能

战车与礼制

"国之大事，在祀与戎"，这两项古代国家最重要的政治活动都需要车。实际上，在人力和物质资源有限的古代，大规模批量生产车子还是比较困难的，所以战车主要还是担当权力的象征物，是"祀"的重要组成部分。通过对战车选材的苛刻、工艺的精益求精、尺寸的讲究和装饰的豪华程度等手段，还包括对马的挑选，使战车成为极为稀罕的奢侈品，体现其拥有者对社会资源的绝对占有。因此，战车十分有利于烘托重大活动的庄严气氛并象征王侯将相"唯我独尊"的气势（图155）。

作为社会复杂化的象征物，马牵引的战车可以说是同时具备了"自然力量"和"社会力量"的理想选择，因此，战车一般被统治阶级，特别是国王，作为显

示权威的象征，传达国王和将领的威严和权力，成了社会等级制度的物化形式，是仪仗和礼仪的重要构成。在埃及法老图坦卡蒙的王座黄金扶手上雕刻着战车（图156）。今天也一样，一些国家的国家机构中不同等级的人使用不同档次的车，不能有丝毫的僭越，即使你有钱也不行，比如英国的劳斯莱斯只为全世界特殊的人生产。举个例子，《论语·先进》记载："颜渊死，颜路请子之车以为之椁。子曰：'才不才，亦各言其子也。鲤也死，有棺而无椁。吾不徒行以为之椁。以吾从大夫之后，不可徒行也。'"这段话的意思是，颜回死了之后，颜回的父亲去找孔子，意思就是说我儿子安葬的时候能不能给他辆车陪葬，孔子拒绝了颜回父亲的这个请求。虽然颜回是他最喜欢的学生之一，但是他仍然没有给他车，因为他觉得他才有资格有一辆车，而弟子颜回是没这资格的。此外，战车还成为统治阶级联络感情的赏赐，在埃及埃尔—阿尔马那出土的新王国时期官方的外交信函中，紧跟在给自己和皇室的祝福之后，法老对兄弟的车队也给以美好的祝福，同时还提到马车作为王室之间交往的礼物。在西周的金文中，也有很多赐车或车上用具的记载。正因为战车在国家政治生活中被赋予了重要的象征意义，所以成为王侯贵族显示等级的随葬品。商代流行整车随葬，从西周开始出现拆车葬，比如山西曲沃天马—曲村墓地114号墓殉车4辆，113号墓殉车1辆，车均被拆散分置于墓室二层台上和椁上填

图 155 河南三门峡上村岭虢国墓地战车战马坑

图 156 埃及法老王座黄金扶手上的战车

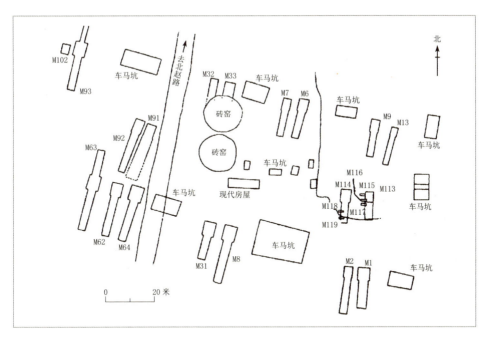

图 157　晋侯墓地墓葬和车马坑分布图

土中，晋侯墓区有长方形大小不等的车马坑 9 个（图 157）。陕西沣西张家坡西周井叔墓地殉葬的车更多，车轮拆散放在墓道中，其他部件却散放在椁上（图 158、159）。这种做法一方面可以在有限的墓葬空间随葬更多的车，另外可能也是现实生活的反映，古代为了保养车辆，特别是保护车轮不变形，一般在不用车的时候，要把车拆开存放。

由于马车代表着身份等级，不同等级使用的马车就有了区别。在埃及的壁画中，法老的马车从马到车都极尽装饰之能事，极其华丽，而其他人的车则远远不如（图160）。亚述国王在礼仪活动中乘坐的战车和战斗时的车完全不同，造得高大结实（图 161）。中亚阿姆河宝藏中的黄金马车可能也是首领乘车的模型（图 162）。中国发现的商代战车在各个细节上也明显有等级的不同。小屯发现的车马器，无论从种类还是从质量上来比，都是梅园庄、郭家庄等地发现的车马器所无法比拟的，如小屯 M20、M40 出土的都是铜舆饰、玉鞭柄等。为什么呢？小屯是殷墟的中心，这里所出土的车很可能都与王室有关，而郭家庄 M160 的墓主，只是一个高级武官，当然不可能与王室相比。正如吴晓筠指出的，商代除了首都发现高等级的车外，

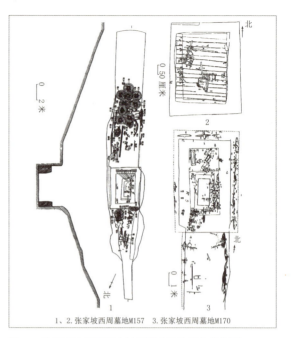

1、2.张家坡西周墓地M157　3.张家坡西周墓地M170

图158 陕西西安沣西张家坡西周墓地的拆车葬

图159 陕西西安沣西张家坡西周墓地的拆车葬线图

图160 埃及法老拉美西斯的战车

其他战车都发现于商的边陲地区，这可以看到商代战车作为礼仪和军事力量象征的两面性。商代大型墓以弓形器和策柄的出土为中心，极少数中型墓随葬衔、镳等表明墓主生前职业的车马具。西周早期战车还发现于各地，尔后，战车主要发现于国家的中心地区，不同身份墓主随葬的车马器在同一个墓地和不同级别墓地中的车马随葬存在着等级区别。西周时期，战车成为一种礼器，是礼制的重要组成部分，标示等级的当卢和銮在各地都表现出高度的一致性（图163、164）。銮是礼车的象征，西周晚期以降，銮经常和鼎、簋配套使用，是区分贵族等级的一种标志。河南三门峡西周晚期至春秋早期的虢国墓中展示了严格的车马随葬制度。从春秋早期开始，车马器随葬简化。春秋中期以后，銮在车马器中基本消失，也表明西周时期形成的车礼器随葬制度走向终结。

《周礼·春官·巾车》记载了王及王后在不同场合乘坐的五种不同等级的大车。最高等级是玉路（也作"辂"），用在祭祀的场合；第二是金路，用于礼宾的场合；第三是象路，用于朝拜；第四是革路，用在战争国防；第五是木路，用于田猎、封蕃国。除了玉车是国王独有外，其他四种车按等级赐予不同亲疏等级的诸侯。在出土的青铜器的铭文中记载了周天子用"金车"赏赐给有功的高级贵族，比如

图 161 礼仪活动中的亚述国王和战车

图 162 阿姆河宝藏中黄金马车

图 163 北京出土西周燕国当卢

图 164 北京出土西周燕国銮铃

毛公鼎、同盉、小臣宅彝、番生敦、吴彝的铭文，其中毛公鼎、番生敦和吴彝的铭文还详细记载了所赐的具体青铜车马器。五种王后的乘车是重翟、厌翟、安车、翟车、辇车。《周礼》成书于战国，这部书虽是战国时代儒家的著作，但其中很多内容应当是以西周、春秋的制度为基础，只不过经过整齐划一，加以系统化和理想化而编成的，因此内容复杂，但其中还是保存了不少早期的历史信息。在殷墟小屯 M164 曾发现一组完整的马首饰可能就是文献记载的玉路，其中包括海扇蛤、玉牛首、玉燕、玉饕餮、玉马嚼、玉人面两件。据石璋如复原，海扇蛤置于最上为马冠，玉牛首、玉燕、玉饕餮由上至下置于马鼻梁上部放置当卢的位置，两件玉人面为马镳，置于玉马嚼两侧。这一套精致的玉马饰证明了商代确有以玉为饰的车马器，展现了尊贵的非凡气势（图 165）。以贝为饰的车马更普遍，比如河北行唐故郡二号车马坑的发现（图 166）。吴晓筠认为金路就是以青铜为饰的车，这在考古发现中例子不少。以象牙为装饰的车还未发现，所以象路可能说的是以骨、蚌为镳和车舆装饰的车马，这在考古中多有发现。至于革路、木路在考古发现中有少量发现，也许说的是最早阶段的车。2001 年，在秦始皇陵陵园封土西南角的一个陪葬坑中出土了一辆单辕双轮木乘车。在车舆上发现经纬交织的舆底，三处方格状的木质痕迹，可能是车厢木栏。这可能是木路（图 167）。王后五路的区别主要是车子的装饰，而区别不同装饰的是羽毛，所以在考古发掘中很难被发现。

除了马车装饰和马具材质的区别，拉车马的数量也是等级的考量因素。2002 年，洛阳东周王城广场发掘了东周时期的重量级遗存：1000 多座东周墓

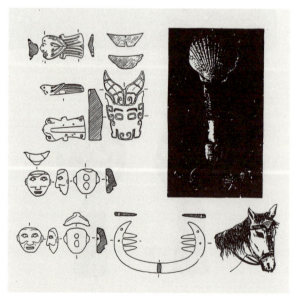

图 165 河南安阳殷墟小屯 M164 发现的完整的玉马首饰

葬、49 座车马坑，最大的一座车马坑，长达 42 米，宽为 7.2 米，其中出土一处 6 匹马驾一车的遗迹，这一发现以直观清晰的形式向世人印证了古文献中"天子驾六"的记述。"驾"是我国古代礼制的一种行为，只有天子之乘才能"以六马驾之"，即著名的"天子驾六"。《尚书·夏书·五子之歌》曰："懔乎若朽索之驭六马。"天子所御驾六，其余副车皆驾四。2021 年 1 月 17 日，河南省南阳市卧龙区石桥镇龙窝村夏庄"不见冢"发现"天子驾六"的车马坑，为主墓陪葬坑。"不见冢"大墓为战国时期的大

图 166　2017 年 6 月 4 日刘绪于行唐故郡二号车马坑现场观察海贝装饰的马具

图 167　秦始皇帝陵陪葬坑发现的木车遗迹

型"甲"字形竖穴土坑墓，其总长约 66 米，墓室长 40 米，宽 38 米，深约 18 米。墓室四周有阶梯状台阶，台阶宽 0.8 ～ 1 米；墓道位于东侧正中，东端宽约 5 米，接近墓室处宽约 10 米，长约 26 米。另外，该墓西侧约 20 米处还有一个南北长约 75 米、宽约 9.8 米的车马坑，南侧有一处长约 50 米、宽 1.5 米、深 1.5 米的遗迹。清理出的车舆长 2.5 米左右，宽约 1.2 米；车辕长 1.95 米，宽 0.1 ～ 0.13 米；车衡长约 4.5 米，宽约 0.1 米，6 匹马的马轭已清晰展现，同时发现的还有部分青铜饰件。从目前清理的陪葬车马现状可以断定为"驾六"。陪葬车马如此规制，足见墓主人的身份极为高贵，或为"王"级。

钺作为一种礼器，也与马车结合在一起。汉代将钺置于车上，叫作黄钺车，是皇帝仪仗中的后从之车，而县令以上、公卿以下出行时则以斧车为前导。1959

年四川彭县（今彭州）太平乡出土的东汉画像砖刻画的图像是一个生动的例子
（图 168）。这种做法由来已久，因为钺是权威的象征（图 169）。西方的权力
象征器物是权杖头，起源于埃及，最初也是一种击打人的武器（图 170）。这种
权杖头在欧亚大陆广为流传，在仰韶文化中晚期就已经传到中国西北，但是除了
在殷墟妇好墓中发现一件外，权杖头在中国一直只能流行在商周边缘地区的文化
中。中原并不使用这种权力象征物，原因是中国的象征物是新石器时代石钺、玉
钺发展而来的青铜钺。钺最初是一种武器，后来成为权力的象征，是国家公义的
象征物（图 171）。《逸周书·世俘篇》说："王秉黄钺。"朱右曾注："秉钺，
示当断制天下也。"商代流行的青铜钺到了西周时期仍在继续使用，但其显示杀
伐的军事权力的仪仗功用更趋明显，实战和用作行刑的功用却不那么重要了。《史
记·周本纪》记载，武王攻占朝歌，至鹿台下了战车，先射了三箭，看到纣王的
遗体，用轻剑击打，又挥黄钺砍下纣王的头颅，高悬在大白旗上。用玄钺斩下纣
王嬖女的头颅，挂在小白旗上。后来举行盛大的除道、修社仪式，武王的五个仪
卫中，周公旦持大钺，毕公持小钺，还有三名持剑。可以想见，当时这些钺都是
放在战车上最重要的武器了。《诗经·豳风》有一首诗《破斧》，歌颂了周公东

图168 四川彭州太平乡出土的东汉画像砖

征，平灭三监之乱的胜利，描述了
当时战争的惨烈。译成现代汉语为：
"斧头斫得裂缝长，满身伤痕青铜
斩。周公东征到远方，四国听到都
着慌……"（程俊英《诗经译注》）。
直到战国时期，大铜钺仍是权威的
象征，在河北平山中山王墓中就有
出土，上面饰有"山"字形纹，并
有铭文，曰："天子建邦，中山侯□，
兹作军钺，以敬厥众。"表明钺的
意义和功用。中山大学徐坚博士指
出中山王墓的铜钺和商代铜钺相似，
但不像早期铜钺出于墓中，而是出
于车马坑，和铁杖、铜戈和铜剑共存，
可见这时铜钺已成为纯粹的国王权
威的象征物了。

图169 河南安阳殷墟妇好墓出土铜钺

战车是贵族田猎的载具

据夏含夷研究，在甲骨卜辞中，
没有殷人在战争中用车的记载，自用
车的例子并不常见，都与田猎有关。
伯克特（Walter Burkert）用古代希腊
的例子说明"在古代社会中，田猎、
祭祀和战争在象征意义上是可以互相
转化的"。田猎的目的不单是为了获
取动物和娱乐，田猎可以为祭祀活动
提供神圣的牺牲。同时田猎本身就是
祭祀仪式的重要方式，而且在古代，

图170 埃及纳尔迈调色板刻画法老手持权杖头击
打敌人图

图171 河南偃师二里头文化中的玉钺

图 172　秦汉贝壳彩绘车马狩猎图

图 173　山东滕州西户口延光元年画像石

田猎就是军事演习，是仪礼化的战争形式，有时战争借着田猎为烟幕麻痹敌人，用田猎做战争动员和准备，并把兵力部署完毕，在敌人松懈的时候发动突然袭击。美国克利夫兰艺术博物馆藏的秦汉贝壳，出土于中国北部东海岸，上面彩绘了战车狩猎的画面，一幅战车是侧面，另外一幅很特别，表现的是正立面的战车（图 172）。在商代一些车马坑中发现了武器，如镞（有的有箭囊）、兽首刀，但均未见矛，看来殷人马车除了用于战争外，最主要的意义还是在于它是身份与地位的象征。前面说商代的战车车厢四周的围栏较矮，当时的人可能是跪坐在里面，这个姿势在礼仪活动和狩猎中还可以，如果是在战场上，只能射箭，若要格斗，只能下车。从山东滕州发现的东汉画像石上可以遥想商代战车出行的场景（图 173）。西亚和埃及最常见的马车场面是王室的出行和围猎情景，商代甲骨文中关于王乘车狩猎的记载也反映这一情况。比如甲骨文里有这样的记载：商王和小臣一起驾着车出去打猎，结果发生了车祸，两辆车撞上了，把商王和小臣都撞下车了，商王还为此受了伤，由此可以看出来还有一类车可能专门是田猎用车。《诗·小雅·

图 174 欧洲的青铜太阳车

车攻》也记载："田车既好，四牡孔阜；东有甫草，驾言行狩；之子于苗，选徒嚣嚣；建旐设旄，搏兽于敖。"

马车是宗教信仰的载具

迄今发现最早的轮辐式双轮马车——辛塔什塔的马车，其存在更多的是宗教上的意义。由于两个轮子之间的距离，所谓的轨距太小，车毂也很短，所以这样的车在战斗中是非常不稳的，而且不能急速转弯。因此，研究者从马车以及用于驾车的马的埋葬情况分析，认为它们与印度史诗《梨俱吠陀》中记载的雅利安神话有关系，是为了接送墓主人到天国去的乘具，就像埃及法老金字塔中的船一样。也许这些随葬的车是为了葬礼制造的，现实中可能有比较实用的大型轮辐式双轮马车。欧洲发现的青铜太阳车造型独特，明显是用于宗教仪式（图 174）。

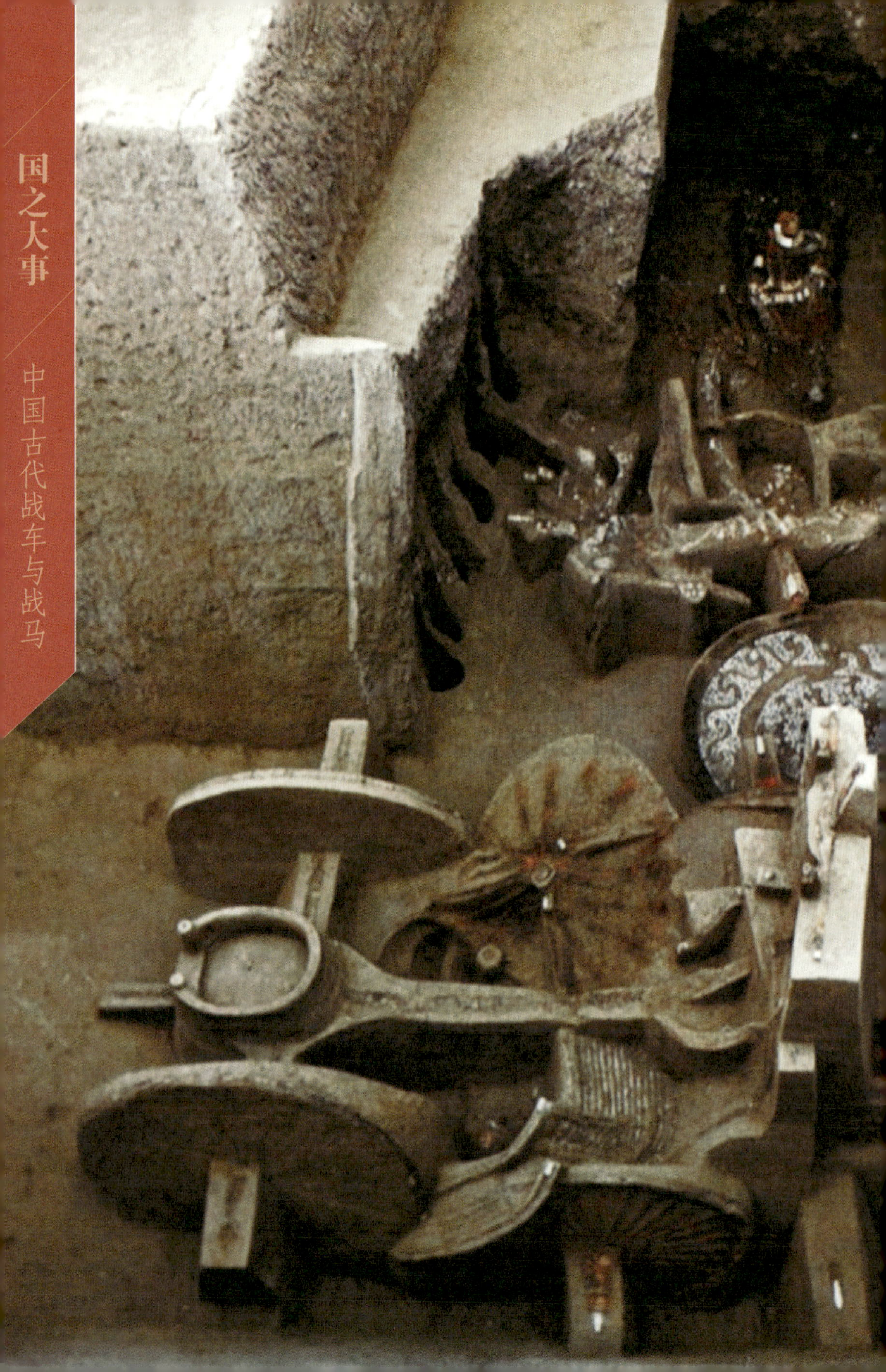

千乘之国

春秋战国时期是中国历史上一个重要的国家变革阶段。随着统治疆域的扩张，国家规模空前膨胀，社会统治机制的复杂程度大大加深。旧有的统治秩序在地方贵族势力和中下阶层的崛起中分崩离析，具体表现就是礼乐制度的瓦解，地方诸侯群起靠实力争夺最高统治权。开始阶段还"挟天子以令诸侯"，等周王室的宗亲势力和号召力彻底衰落后，就陷入了"逐鹿中原"的战国时期。在这一社会剧烈变化的时期，作为战争利器的马车真正成为战争的主角。不同用途的车增多了，兵器锐利了，配合战车的阵法也发展了，战车的威力提高了，大量大规模的"灭国之战"开始进入历史的视野。在车战兴盛的同时，草原流行的机动灵活的骑战促使中原诸国渐渐放弃笨重的战车，战争形式进入一个新的历史阶段。

春秋不义战——礼崩乐坏群雄争霸

礼崩乐坏群雄争霸

西周王朝的建立者武王以及他的儿子成王为了达到以藩屏周的目的，推行分封之制，一下子就分封了诸侯数百个，后来枝强干弱，礼崩乐坏，西周晚期，周幽王朝政荒废，乃至诸侯侵暴，五霸争雄，七雄并立。这时北方戎人的南侵加剧，《史记·秦本纪》记载："西戎、犬戎与申侯伐周，杀幽王郦山下。"戎人大量涌入关中，直到秦文公十六年"以兵伐戎"才初步驱走戎人。内忧外患导致周王室权威衰弱，不得不把政治中心东迁至洛阳。周王权威的下降，导致整个统治阶级关系的松动，各地分封的诸侯王开始无视礼制的权威和约束，纷纷发展自己的势力，并相互开战，最终导致周王朝事实上的分裂。到了战国，整个建立在西周王族血缘基础上的礼制国家系统崩溃，中国进入群雄争霸的时期。在这个过程中，建立在武力之上的战争是贯穿始终的主题。

军事实践和理论的发展

战争是以暴力为形式的政治斗争，所以更能体现人的意志和智慧。所谓"上兵伐谋""兵贵用谋"。据载夏少康以武力夺回王位时，在战前就注意谋略，还派出了军事间谍。商灭夏，先攻取夏的属国，改变了力量对比再伺机决战。周灭商也采取由近及远、先弱后强地剪除对方羽翼的谋略，然后趁商王室内部纷乱、商都空虚之机，联合诸侯大举东征。牧野之战中，武王誓师，揭露商纣罪行，进行战场动员以鼓励士气，宣布作战要求及不杀降等纪律。在这些战争中，战前都重视探测对方虚实，获取情报，如离间计的运用都是相当成功的。战争能总结出理论，理论又能指导战争。早在《易经》的卦辞和爻辞中就有一些反映商、周之际谋略思想的内容。如认为国政衰败不能兴师，深得民心则可用兵；主张师出有名，纪律严明；作战时避敌锋锐，伺机而动，诱敌而击等。春秋以前已经有专门的军事文献《军志》《军政》，可惜早已不存，但在保存下来的其他文献中有零星记载，如《军志》主张"允当则归""知难而退""有德不可敌"（《左传·僖公二十八年》），"先人有夺人之心，后人有待其衰"（《左传·昭公二十一年》）；《军政》提出"言不相闻，故为金鼓；视不相见，故为旌旗"（《孙子军争篇》）等。

春秋战国时期，战争的目的渐渐成为赤裸裸的利益之争，战争成为时代的主旋律。大量的军事实践导致军事理论的繁荣，军事理论得到了实质性的发展。在谋略方面，逐渐否定了重信轻诈等用兵之道，"兵者，诡道"成为共识。重视审时度势、因利乘便，如晋国欺骗虞国，借道从虞国发大军灭虢国后，再回师把借道的虞灭掉。注意军事斗争的同时，也积极进行外交斗争，促使敌友力量的分化组合，以军事实力为后盾举行数国谈判和多国会议。春秋以前的战争主要以战胜对方为度，战国则以消灭敌军实力为准，注重"全胜为上"。战争规模扩大，持续时间延长，伤亡人数增多。战国中期孙膑在桂陵之战中以"围魏救赵"、在马陵之战中以"减灶示弱"诱敌就范的谋略，在古代军事史上具有重要学术价值。在战法方面，春秋时期已逐步突破商、周以来的两军对阵、正面攻击的惯例，采用了多种方法作战，有两翼突破、再捣中坚（如鄢陵之战），设伏诱敌、乘势歼灭（如鸡父之战），疲敌而击、后发制人（如长勺之战）等等。

《孙子·兵法》十三篇是其中杰出的代表，堪称"百世兵家之师"。《孙子》冲破了长期鬼神论、天命观的束缚，强调战争"必取于人"，具有朴素的唯物主义思想，它分析战争中的奇正、虚实、勇怯、强弱、利危、攻守等对立的现象及其互相转化的关系，体现了朴素的辩证法思想；它揭示某些战争规律和作战原则，如战争的最高境界是"不战而屈人之兵",所以恐吓和讹诈在当时得到广泛运用;战争可以不择手段,所以"兵不厌诈""攻其无备,出其不意";战争中情报的重要性,"知己知彼,百战不殆";"致人而不致于人"等,这些智慧成为万世不变的战争法则。

战国时期的兵书,具有代表性的有《吴子》《司马法》《孙膑兵法》《尉缭子》《六韬》。它们在继承《孙子》军事思想的同时,又有所发展和创新,如《尉缭子》提出了"兵者,以武为植,以文为种;武为表,文为里"的卓见;《孙膑兵法》认为富国才能强兵等。

在兵家大论军事的同时,其他思想家也提出自己对战争的主张,如儒家的仁义为本、足食足兵和强调组织训练的思想,墨家的休养生息和注重武器与军事工程的主张,法家讲耕战,重实力、权术和刑赏的观点,道家的"慈故能勇""柔弱胜刚强""进道若退"的辩证命题等。先秦诸子以自己的见识谈论军事战争,是兵家一片喊杀声中非常有益的补充,给历代军事思想以深刻的影响。

军队和阵法的发展

由于当时军队成分的变化和新的武器的运用,使得军队的组成比过去复杂了。西周至春秋前期,一乘战车配备甲士7人、徒兵15人。春秋中期以后,配合战车行动的徒兵多达72人。大规模的车战,往往有几百乘战车,乃至上千乘战车参战,使用大量的步兵和骑兵,并配备了强力的远射武器的弩手。这些不同的兵种的配合使用,就要求统帅有高超的指挥才能,要讲究战斗队形的变化和战法的运用。根据天时、地利、敌军的兵力部署以及己方的军事实力,进行布阵和编队。春秋初期的繻葛之战,创造了有名的"鱼丽之阵",使车阵趋于严密灵活。较大规模的车战,讲求多兵种配合、战阵编队。布阵讲究长短相济,攻守配合,前有锋,后有卫。阵法有方阵、雁行之阵、五阵、八阵等名目。编队或双队,或三队,或多队,这每一队称为一"编",编有五乘、九乘、十五乘、二十五乘等不同编法。一切都从实战出发。战国时阵法已多种多样,银雀山汉墓竹简中提到了方、圆、疏、数、锥行、雁行、钩行、玄襄、火、水等十种阵法。大规模的阵法甚至在战国时期的车马坑中都有一定反映(图175)。

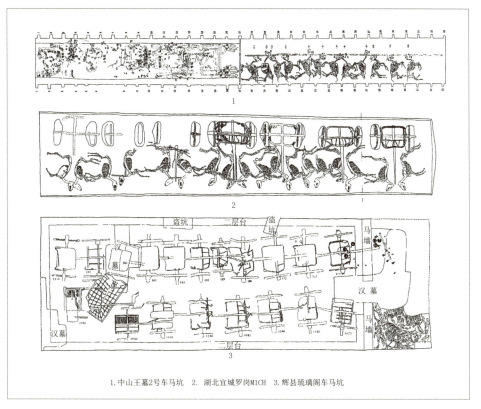

1. 中山王墓2号车马坑　　2. 湖北宜城罗岗M1CH　　3. 辉县琉璃阁车马坑

图 175　战国时期车马坑

文献记载的车战

《左传》中有不少关于车战的记载。公元前589年夏，晋军和齐军在鞌（今山东济南）列开阵势，晋军以郤克为主帅，郑丘缓为车右，解张御车。齐国以齐侯为主帅，逢丑父作车右，邴夏驾车。战斗开始，齐侯对晋军非常蔑视，誓言消灭了晋军再吃早饭。于是马不披甲，驱车驰向晋军，发动了猛烈的进攻。晋军主帅郤克被利箭射中，鲜血直流到鞋上，仍然击鼓指挥晋军。车右郑丘缓除了挥戈拼杀之外，遇到车受阻挡，立刻跳下车推车。御手解张一开战就被箭射伤了手和肘，鲜血染红了左边的车轮，但斗志不衰，他用左手控缰驱车，腾出右手来帮助郤克击鼓指挥。他们三人互相勉励，麾军冲杀，追赶齐军绕华不注山三周方才止住军队，一举大获全胜。此外如城濮之战、鄢陵之战和邲之战等都是兵车会战。

战国时期楚国爱国诗人屈原曾把车战写进《国殇》，以祭奠那些战死的将士的亡灵，辞中描写了车战的惨烈：

操吴戈兮被犀甲，车错毂兮短兵接。旌蔽日兮敌若云，矢交坠兮士争先。
凌余阵兮躐余行，左骖殪兮右刃伤。霾两轮兮絷四马，援玉枹兮击鸣鼓。
天时怼兮威灵怒，严杀尽兮弃原野。出不入兮往不反，平原忽兮路超远。
带长剑兮挟秦弓，首身离兮心不惩。诚既勇兮又以武，终刚强兮不可凌。
身既死兮神以灵，魂魄毅兮为鬼雄。

　　这一篇作品，悲壮而生动地描写了一场英勇但最终失败的战斗，它不仅记录
了车战的武器装备和指挥工具，犀甲、吴戈、秦弓、长剑、旌旗、鸣鼓，还讲述
了从远距离对射开始，经错毂格斗，直到车毁马伤，乘员牺牲的战斗全过程。特
别是分别叙述了车上的三个乘员，依照他们具体职责不同的英勇表现：披甲执锐、
英勇杀敌的右；在飞矢交坠下驾驭战车冲锋，在辕马死伤后又埋轮絷马坚持战斗
的御者；进而到牺牲仍旧保持鼓声不绝，坚持战斗指挥的主将。最后，他们全部
英勇地战死了，诚既勇兮又以武，终刚强兮不可凌。诗歌结束了，但是车战的情
景却牢牢地印在读者的记忆之中。中国没有这样的战争场面的图像留下，而在反
映亚历山大和大流士的一场战斗的壁画中，我们可以看到这种混战的场景，战车
上戴帽者就是著名的波斯国王大流士（图 176）。

图 176 希腊亚历山大大帝和波斯国王大流士的战斗

战争机器的膨胀——车战的兴盛

车战的兴盛

春秋战国，战争的规模越来越大，所用战车的数量也越来越多，乃至成为衡量一个国家实力的标准，遂有"千乘之国""万乘之君"之说。春秋末期北方齐、秦大国拥有兵车二三千乘，南方楚国则达五六千乘。战国时三晋、齐、燕各有带甲（步兵）数十万，秦、楚号称"带甲百万"。春秋僖公二十八年（公元前632年），晋楚城濮之战，晋国出动了战车七百乘，是武王伐纣时战车数量的两倍。43年后，前面说的晋齐鞌之战，晋国出动战车八百乘。又过60年，到了公元前529年，晋国为了炫耀武力，在邾国举行了一次大阅兵，列陈战车四千乘，数量是武王伐纣时的十倍以上！当时的战车非常华美。中国古代第一部诗集《诗经》中有赞美战车的诗歌多篇，其中《诗经·秦风·小戎》是一首赞扬秦襄公（公元前778～前766年在位）时军容的诗歌，诗中形象地描述了当时使用的战车和有关的武器装备，同时也反映了当时军队的主力是战车的历史事实。"战车轻小车厢浅，五根皮条缠车辕。环儿扣儿马具全，拉车皮带穿铜环。虎皮垫座车毂长，花马驾车他执鞭。……新漆盾牌画羽毛。虎皮弓袋刻百纹，两弓交叉袋中放……"（程俊英《诗经译注》）

车型的分化和专业化

春秋战国时期的驷马车，以河南三门峡虢国墓地出土的最早。三座车马坑出土马车25乘。但由于朽残过甚，难以看出战车与普通乘车的区别。2000年河南新郑郑韩故城发现了春秋贵族墓葬和大型车马坑。郑国车马葬制的一般规律是将车轮摘掉后侧靠在坑的四壁，马匹杀死后平铺在坑底，车体则放在马匹身上，车马具放在主墓内。发现的37个车轮侧靠在四边壁上，轮径多为1.4米左右，有约30根辐条。有两个车轮直径很大，约1.7米，可能是大型车辆的用轮。车轮两面都髹有棕色漆，有轮撑。大车两辆。车厢有3平方米，可以并卧2人。中车可以并排坐3人，而且装饰异常豪华，车舆结构复杂，可能是仪仗车。小型车只能容1～2人。18号车的车厢粗壮结实并有护板，轼前拐角上有铜兽装饰，可能为兵车。除了这辆车以外，其他车辆均髹漆装饰，其中西半部的车舆四侧多髹红漆，

衡、辕髹棕色漆，东半部车辆多髹棕色漆（图 177、178）。许多中型车的角柱上
还发现精美的云雷纹图案。车体上装饰有多种青铜和骨雕饰件。山东淄博后李官
庄发现了春秋中期车马坑（图 179）。1 号坑出土 10 辆车，6 辆车为 4 匹马牵车，
4 辆车为 2 匹马牵车。有战车和辎重车，战车轻小，辎重车车厢大，是战车的
2 ~ 2.5 倍，车轮也大。2 号坑殉马 6 匹，中部一组有海贝组成的马缰和马面罩（图
180）。山东淄博淄河店 2 号战国大墓殉马坑有 69 匹马。墓内殉车，有作战的轻车、
墓主乘坐的安车和辎重车（又叫栈车、役车）（图 181、182）。战国中晚期河南
淮阳马鞍冢楚墓的两座车马坑出土了马车 31 乘，其中三分之二是战车，以 2 号
坑 4 号战车最为典型，是一乘驷马车，车舆作横长方形，面积 142 厘米 × 94 厘米。
车舆的前后左右都用青铜片包镶钉牢，并髹漆彩画。四门开在舆后，舆后部的两
角装有铜柱头，两侧有供插旗幡的铜质插旗筒，右侧还有一个供插兵器用的椭圆
形筒状器。这辆车的车毂很长，毂端各用四道铜箍加固。以此车与西周前期的战
车相比，无论其造型、制作，还是性能都进步了许多。春秋以后，驷马战车为了

图 177　河南新郑郑韩故城发现了春秋贵族墓葬和大型车马坑

图 178　河南新郑郑韩故城髹漆车舆

图 179　山东淄博后李官庄春秋中期
车马坑

图 180 山东淄博后李官庄春秋中期车马坑发现海贝组成的马缰和马面罩

图 181 山东淄博淄河店 2 号战国大墓殉马坑

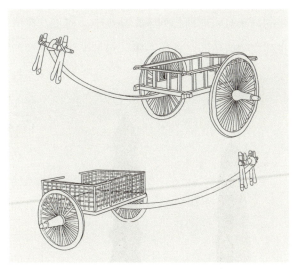

图 182 山东淄博淄河店 2 号战国大墓随葬辎车（上）、安车（下）复原图

适应战争的需要，形制出现了分化，产生了在战争中担负不同任务，形制各异的战车。这些不同类型的马车被置入大型墓葬、墓室及车马坑之中。如灵活轻便，适合长距离奔袭攻击的"轻车"；马披重甲，衡端装矛刺，车轴装曲刃矛状车軎，

用于攻坚突壁的"冲车"（图183）；用于侦察、窥探敌人虚实的"巢车"；用于营屯防守的"苹四""车屯车"；用于装载辎重运输粮草的"大车""广车"；甚至还有专供统帅乘坐，用以指挥作战的"戎路"车。长勺之战中，曹刿和庄公一同坐在指挥车里。曹刿待齐军三次击鼓之后，才建议鲁庄公击鼓反击，大获全胜，并讲出了对方"一鼓作气，再而衰，三而竭"的道理。

墓地车马坑的设置、随葬车马器组合，各个诸侯国出现了差异，比如晋国重在财富占有，楚地则重在强调死后维持生时的一切享有。春秋战国时期，农牧人群和文化也得到深度的融合。河北行唐故郡遗址从时空、文化内涵上看，与白狄建立的中山国密切相关，所属时期为前期中山国历史时期。墓葬流行积石墓，普遍使用殉牲，且多采用具有鲜明北方族群特色的动物头蹄葬，同时又使用具有华夏系统的车马殉葬制度。随葬器物既有华夏系统的青铜日用器、兵器、车马器，又有具有鲜明北方族群特色的青铜镞、金或铜耳环、虎形铜牌饰，以及大量的玛瑙、绿松石和海贝饰品（图184）。2017年发现大型殉葬坑2号车马坑，5辆首尾相接的马车自东向西排列于车马坑中。初步发掘清理的是位于最东端的5号车，即排列在"队伍"之首的头车。经过工作人员对车辆遗存的测量，初步确认这辆马车拥有两个直径达140厘米的车轮，每个车轮拥有辐条38根。车厢横宽142.5厘米，纵长106厘米，车厢残高达50余厘米，一条残长近280厘米的车轴横亘于车厢底部。车厢左右侧和前后端立板的外表除了饰有繁复的髹漆彩绘图案外，还镶嵌有成组对称的金属质兽形牌饰，其表层粘贴有刻画纹饰的金箔饰片，虽历经约2500年的时光，经发掘清理后依旧光彩夺目。车厢内外还有8柄青铜戈。甘肃省张家川马家塬战国时期西戎首领的墓葬中，也随葬了奢华的马车，马车

图183 冲车装配的曲刀矛状车軎

图 184 河北行唐故郡出土海贝装饰的马具

的结构是中原式的，车辆的装饰却带有浓郁的游牧特色（图 185）。四川盐源老龙头墓地出土了中国第一辆三轮车青铜马车模型。

青铜兵器发展的新阶段

青铜器冶铸技术经西周到春秋，已经发展到很高水平。春秋时期的青铜铸造匠师们已经能够用不同的铜、锡、铅配方，铸造出各种不同用途、不同硬度的青铜器了。所以这一时期铸造出的青铜兵器非常精良。以青铜镞为例。《左传》记载鲁齐炊鼻之战，齐国主将子渊拈弓搭箭，射向对面战车上的鲁国大夫泄声子，这支箭从战车驾马的轭輈木上穿过，又深深插入泄声子的盾脊，达三寸之深。泄声子也回敬了子渊一箭，射断了子渊的马鞍，并射死了驾车的马。可见齐鲁两国制作的箭镞都很锋利。

迟到春秋时期，车战用的成组武器，仍是用于远射、格斗和卫体三类，但是出现了新的器形，制造技术也更趋精良。东周很多墓中出土有铜戟，与戟同时伴出的兵器常有戈、矛和殳，正好与《考工记》中所记车战兵器有戈、殳、车戟、酋矛相吻合。同时随葬有大量的铜质车器和马具。而且墓主人的身份都较高，他

图 185 甘肃张家川马家塬战国时期西戎首领的墓葬中出土马车及其复原

们都是具有乘车作战的身份的。由此可见这些都是用于车战的兵器。

　　春秋以后，矛的骹部加长，并在其下部铸出钉孔，装上柄后，插上销钉，防止脱落。矛的两叶渐渐缩小，脊棱更加凸起，过渡到了三棱刃或四棱刃的铜矛，有的还开出了血槽，大大提高了穿刺杀伤能力。1983 年湖北江陵出土的吴王夫差铜矛长近 30 厘米，锋利精美（图 186）。陕西西安宋村春秋时秦墓的附葬坑中发现的长矛，矛头长 27.6 厘米，全矛长 3.6 米。最长的矛是曾侯乙墓出土的，从尾到矛尖长 4.4 米。最短的矛为 1.66 米。戟、殳的长度在 3.5 米左右，其中最长的一柄长 4.5 米。根据柄的长度，这些格斗兵器多符合车兵"六等"之规定。并且常与车马器同出，就为车战所用。东周时期的戟刺分铸联装铜戟开始出现，从而使青铜戟发展的历史进入了新阶段，成为车战中的重要格斗兵器，甚至出现安装了三戈的戟（图 187）。战国戟的戈胡、内尾增铸爪状利刺，杀伤力更强。殳是春秋时期新诞生的兵器，主要用来挥舞击打敌人（图 188）。春秋时期短体剑依然存在。自春秋中期以后，中原地区的柳叶形剑剑身逐渐加长，遂演化成步战、骑战用的格斗兵器。

车战对武器长度也提出了要求。《考工记》谓"车有六等之数"，把兵器柄的长度与战车车厢底部后面的横木车轸的长度及人体的高度加以排比，对各类兵器的柄长作了规定。若以人身高 1.7 米为基准计算，戈长是人体的五分之四，约 1.4 米，殳长为人高的 1.5 倍，即 2.6 米左右，车戟为人高的 2 倍，即 3.4 米，酋矛是人高的 2.5 倍，即 4.2 米左右。这些兵器的尺寸与考古发掘资料大致相近。

最突出的代表是长沙浏城桥一号墓出土的一组，远射的弓矢保存得较好，有长 125 ~ 130 厘米的竹弓 3 件和 1 个竹箭囊，其内还装有 8 支完整的箭，带镞全长 75.5 厘米，另有各式铜镞 40 枚。格斗武器的柄保存得极为完好，可以说是用

图 186 1983 年湖北江陵出土的吴王夫差铜矛

图 187 湖北随州曾侯乙墓出土三戈戟

图 188 湖北随州曾侯乙墓出土殳

来了解车战武器的柄长最重要的一组标本。出土有戈和戈柄各 7 件，除 3 件较短
（91~140 厘米）外，其余几件的长度都超过 3 米，2 件保存最完整的，1 件积
竹柄的铜戟长 283.5 厘米。"积竹"柄是春秋以后发展起来的新工艺。其做法是
以木条为芯，环周贴附劈好的竹片，再以丝麻缠紧，髹上几道漆才算完工。这种"积
竹"柄不但坚固耐用，又富韧性而不易折损，最适合格斗兵器使用。出土 7 件矛柄，
除 2 件外，长度都超过 2 米，其中 2 件保存最完整的，一长 280 厘米、一长 297
厘米，卫体的短剑出土 4 件，长度接近 50 厘米，已经不是西周时的那种短剑了。
这些长柄的戟和矛，最长的（曾侯乙墓出土的矛，长 4.4 米）比人的身长两倍稍
多一些（以人高为 1.7 米计），这正符合于《考工记·庐人》中所说的"凡兵无
过三其身，过三其身，弗能用也"。兵器太长了，超过身高三倍，战士就无法挥
舞战斗，同时也造成制造工艺上的困难。在西方军事历史上，马其顿的重装步兵
军阵手持长长的铁矛和盾牌，组成了攻防有力的铁墙，持短矛的罗马骑兵起初只
能望而兴叹，后来利用机动部队绕到马其顿军阵后方，发动进攻，手持长矛的马
其顿士兵居然转不过身来，露其背部，任罗马士兵随意刺杀（图 189）。《司马
法·天子之义篇》说："兵不杂则不利。长兵以卫，短兵以守。太长则难犯，太
短则不及。"可见兵器不是越长越好，在战车上更是如此，短了击杀不到，长了
无法挥舞搏斗，亦造成被动。

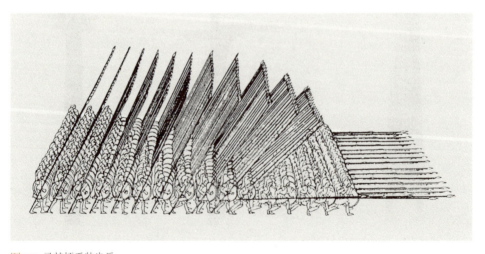

图 189 马其顿重装步兵

这些变化都与车战的升级有直接或间接的关系。比如冲锋时两车对驰，就是双方的马头相碰，车舆与车舆之间的距离尚在 4 米左右，在这种情形下，武士手中最长的兵器也难以伤到对方，只有靠强弓硬弩，远距离杀敌。挽马驰过，两车错毂，这时两车舆的侧距在 1.6 米左右，正是车右武士操起长柄戈、矛、钺、殳，互相攻杀的时机。

防御装备的完善

春秋时的铜胄，也是顶有立纽，在东北内蒙古一带曾有出土。春秋到战国前期，甲多为皮制，外面钉缀青铜甲片或甲泡。当时的皮制甲胄主要用牛皮、野牛皮、犀牛皮制成，工艺相当复杂。制成的皮甲种类很多。湖北随州曾侯乙墓出土的竹简简文记载曾侯乙墓随葬的皮甲就有楚甲、吴甲等。在考古资料中出土皮甲甚多，保存较好的出自曾侯乙墓和荆门包山二号墓（图 190）。曾侯乙墓出土甲胄 13 领，包山二号墓出土甲胄 2 领。它们的形制相似，其身甲由甲领、甲身、甲袖、甲裙四部分组成，可以遮护武士的大腿以上上半身及双臂肘弯以上部位。其中一领共用甲片 183 片，皮胄由胄体和护项组成，用多型甲片 18 片，髹黑漆，以红丝带连缀。同时曾侯乙墓还出土了盾牌（图 191）。在河北易县燕下都遗址发现战国燕的铁甲胄，用铁甲片编缀而成，预示着新时代的到来（图 192）。

在西周以后日益发展的车战中，

图 190 湖北随州曾侯乙墓出土戈和甲胄

图191 湖北随州曾侯乙墓出土的盾牌

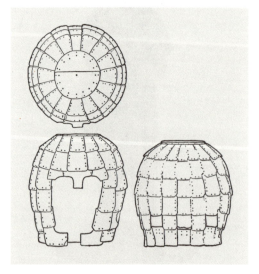

图192 河北易县燕下都遗址发现战国燕的铁甲胄

驾车的马是保证战争胜利的重要因素。就像飞机的引擎不能受损害一样，如果驾车的马有一匹受到伤害，就会影响整辆战车的作战，甚至会给敌人造成攻击的机会，因此，除了战车上乘员的防护装备外，战马也常常披蒙甲胄，加以保护。《诗·秦风·小戎》和《诗·郑风·清人》记载了保护辕马的金属马甲，可能文献说的是缀有铜泡的皮马甲。春秋时期的马甲胄见于包山二号楚墓和曾侯乙墓。从出土实物看，马的甲胄分为马胄、胸颈甲和身甲三部分。曾侯乙墓出土的4号马胄由整块皮压制而成，形似马面，耳、眼、鼻部位开孔，以便露出马的耳、眼、鼻孔。马胄内外髹黑漆，两腮处压制大朵云纹，并在马胄外表用朱漆彩绘龙兽纹、圆涡纹、云纹和索纹，不失为一件技艺精湛的艺术珍品（图193）。胸颈甲和身甲以包山二号墓出土的连缀关系最为清楚。胸颈甲由横竖各五排甲片连缀而成，挂在马的胸颈前。身甲披在马的背上，往下遮住两肋，由48片较大的甲片构成。根据曾侯乙

图 193 湖北随州曾侯乙墓出土的马胄

墓出土的简文，马甲也有"彤甲、画甲、漆甲"等种类。曾侯乙墓的 4 号马胄可能就是简文所说的画甲之一。文献中也有将服马蒙上虎皮作战的实例。马甲的出现说明战车成为战争的主要力量，同时也说明战争已经惨烈到一个新的程度。

师夷长技——战车的衰落和骑兵的兴起

车战衰落的征兆

《左传》记载，公元前 541 年，晋国与北方部族无终和狄人在太原展开激战。主将魏舒看到地形险恶，战车运转困难，决定放弃战车，以徒兵对付狄人，但立刻遭到了一名宠臣的反对，魏舒将其斩首示众。他把车兵按步兵伍、两编制，先示弱诱敌，随后以迅雷不及掩耳之势，指挥徒兵包围了敌人，一举大获全胜。这是一次对陈旧思想观念的宣战，也是对传统作战方式的扬弃。但这只是一次根据地理环境改变作战方式的偶然事件，并没有改变以车战为主的作战方式，直到战国初期，带轮毂的驷马战车仍然是中原大地上驰骋的主力。

骑战在欧亚草原的兴起和对中国的影响

人类骑乘马匹的历史可能会早到马匹驯化的时候，正如美国学者安东尼指出的，公元前 4000 年，当马驯化得听话时，谁能按捺得住骑一骑的冲动呢？不过，骑马真正成为一种实质性的进步力量广为流传则是较晚出现的事。俄罗斯女考古学家库兹米娜认为公元前 1000 年，欧亚草原上大量的马和绵羊的畜养，拆卸方便的帐篷的流行和骑马术的传播促使远距离的迁徙成为可能，这种迁徙把公元前13 ~ 前 12 世纪发明的棒式马镳连同骑马放牧的方式传到了更广大的地区。因此，这一时期整个欧亚草原地带都进入了骑兵时代。到公元前 8 ~ 前 7 世纪，骑兵已经在草原上成为主力，西亚的亚述较早接受这一作战新方式（图 194）。这种军事上的新进展通过草原民族同样影响到中国周边正在游牧化的民族。比如公元前 9 ~前 8 世纪内蒙古赤峰地区的夏家店上层文化就发现不少骑射的文物，这个文化曾

图 194 亚述骑兵

经是燕国西周晚期到春秋早期的心腹大患（图 195）。分布在北京西北山区的游牧人（北辛堡文化或玉皇庙类型）是夏家店上层文化之后对燕国的一个大威胁（图 196）。这样我们就可以理解燕国军备发达的原因了。黄河流域很难找到保存下来的皮质鞍具，新疆吐鲁番地区由于干燥的气候，发现了保存完好的鞍具（图 197）。南西伯利亚的巴泽雷克文化墓葬由于被冰冻住，也保存了完好的战国时期马具（图 198）。秦较他国处于更西的位置，

图 195 内蒙古赤峰地区夏家店上层文化马具

图 196 北京延庆玉皇庙墓地外围

图 197 新疆发现的马具

图 198 巴泽雷克文化发现的皮质马鞍以及马笼头

较早接收到这种新潮流。《韩非子·十过》记载秦穆公（公元前659～前621年在位）曾以"革车五百乘，畴骑二千，步卒百万，辅重耳入于晋"。"畴骑"就是骑兵。从秦墓中发现的战国时期骑马陶俑可以看到秦人勇敢而自信地接受了这一挑战，咸阳塔儿坡战国晚期前段秦墓（M28057）出土了一对手捏陶骑马俑，俑穿左衽短衣、短裤，脚蹬长筒靴，无铠甲，马背无坐垫（图199）。《史记·秦本纪》："（秦惠文王）十一年，县义渠。……义渠君为臣。"另从这两个马上勇士俑高长鼻、左衽推测，可能正是出自秦收编的北方义渠等游牧人的部队。

在历史上因发展骑射留下美名的是赵武灵王，自晋"毁车以为行"250年之后，公元前307年，赵武灵王开始了中国古代军事史的一次重要改革——"变服骑射"（亦称胡服骑射）。赵国靠近楼烦、林胡、东胡等游牧部族，虽然修建了长城，但这些身穿窄袖短衣的游牧民族还是时常纵骑跨马，劫掠滋扰边境。实际上长城防御以骑兵为主力的北方游牧民族是非常有效的，所以在火药兵器成为主要武器之前，历朝历代都以长城作为抵御北方骑兵的第一道防线，连西方罗马帝国也在其边境修筑了哈德良长城。一旦敌人突破城墙，身穿长腰宽袖衣服的赵国人显然不是这些北方骑兵的对手。于是武灵王决定在全国推广胡人服饰并组建骑射军队。两年之后，一支训练有素战斗力极强的骑兵部队投入实战，并在战斗中显示出了行动迅疾、机动灵活的优越性，先击败了中山国，又降服了楼烦、东胡、林胡。七年之后，西边的九原、云中，北边的雁门、代郡均陆续归入了赵国的版图。洛阳金村发现的一面战国铜镜背面的刻纹也形象地表现了这一变革（图200）。

从上面两个例子我们知道，中原放弃车战的首要原因是在草原新的骑马游牧生活方式的完善和传播，铁器和骑射使游牧民族在同农耕民族的对抗中占据优势。原因之二是中原诸国开拓疆土的结果，商周以来，中原王朝控制的主要是适合农耕的平原地区，阡陌制度使道路系统比较完善，这种地形适合车战。但是到春秋战国时，由于周王朝分裂，地方割据势力除了逐鹿中原外，为了加强自身力量，同时向四周拓展，获得新的人口和土地等资源。这时期大气候刚好

图199 陕西咸阳塔尔坡战国晚期前段秦墓陶骑马俑

图200 河南洛阳金村出土的狩猎纹铜镜

转暖，造成中国北方的农牧交错地带北移，所以晋（赵）、燕、秦乘机向北开拓疆土。当中原列国向北进军或防守的军队遇到山地中灵活的骑兵时，只能是师夷长技以制夷，以其人之道还治其人之身。从苏秦、张仪描述看，这时期燕国"带甲数十万，车六百乘，骑六千匹"；赵国"带甲数十万，车千乘，骑万匹"；魏国"车六百乘，骑五千匹"；秦国"带甲百余万，车千乘，骑万匹"。最初采取胡服骑射的赵武灵王可以说是一位远见卓识的诸侯，他促进了中国古代骑兵的诞生，也推动了军事装备的进一步改革。由于骑兵已经顺历史潮流出现，所以当时军事家孙膑总结骑兵有"十利"："一曰迎敌始至；二曰乘敌虚背；三曰追散击敌；四曰迎敌击后，使敌奔走；五曰遮其粮道，绝其军道；六曰败其津关，发其桥梁；七曰掩其不备，卒击其未振旅；八曰攻其懈怠，出其不意；九曰烧其积聚，虚其市里；十曰掠其田野，系累其子弟。"

图 201 河北藁城台西出土的商代铜钺

铁制兵器及新式武器对车战的冲击

冶铁技术的发明与钢铁兵器的普及在这一变革中起了巨大的推动作用。今天的人对铁已经熟视无睹，但中国古人最初接触到这种黑色金属时，却极为珍视它。中国发现最早的铁属于陨铁，新疆已经出土了公元前三千纪的陨铁制品。河北藁城台西出土的商代早期铜钺比较著名，陨铁被镶嵌在当时最高级的兵器钺的刃上（图 201）。1990 年河南三门峡市西周时期虢国墓地出土的铜柄铁剑是迄今发现最早最精美的铁器，它集合了当时最珍贵的几种材料，剑身铁质，外面用丝织品包裹，装在牛皮鞘中。柄为铜质。铜柄外镶玉和绿松石。剑柄与剑身衔接处镶嵌绿松石片（图 202）。

图 202　河南三门峡上村岭虢国墓地出土的铜柄铁剑

虽然人们已经认识了铁,但铁使用的普及却并不迅速。铁制的武器取代青铜的武器,大约经过了从战国到东汉这一历史过程。正如杨泓研究员指出,优良武器的发明,对当时军队的战斗队形、编制和指挥艺术的影响也是深远的,这主要是弩的使用和铁制兵器的采用。还有就是戟上向前刺杀的部分加长,使杀伤力大大提高。春秋时期大量弩弓用来装备部队,并且使用了青铜的机括,这种带青铜机括的弩弓可能最先出现在楚国。到了战国,各诸侯国的军队普遍装备了强弓硬弩。弩的普遍使用,提高了进攻和杀伤的能力。其一,张弓射箭,仅能依靠一个人的臂力,弩改变了单臂拉弓的传统方法,可以双臂拉,可以用腰引,还可以用脚蹬等方法,用全身的力量张弩,使力量加强,射程更远,威力更大。东汉画像石中就有用脚张弩的形象,汉代称这种张弩的人为"材官蹶张"。这样可以加大弩弓的张力,箭的射程会更远。其二,弩和弓不同,首先弩在张开以后,弦管在弩牙上,并不需要像张弓一样总要用手臂用力拉着弦,这样也可以有较长的时间从容瞄准,待机发射,从而更好地射中目标。其三,与弓相比,弩降低了使用的难度,体能逊色一点的战士也可以轻松使用。还可以把许多弩事先装好箭,集中突然发射,给敌人以突然而猛烈的打击,毙敌于不备。所以弩成为对付驷马战车的有效武器(图 203)。

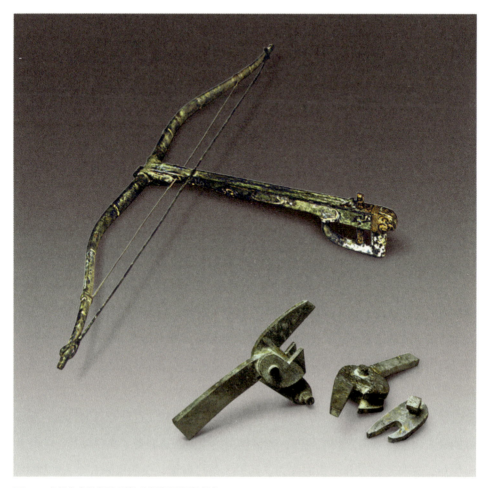

图 203　秦始皇帝陵铜车配挂的铜弩及铜弩弩机

社会制度转变促进了骑兵的出现与发展

　　在商、西周乃至春秋时期，贵族是军队的主要组成部分，战争的目的就是获取新的奴隶、土地和财富。与此相应的是车战，奴隶主贵族阶级拥有作战的车辆、骏马和全套的武器装备，包括远射的弓矢、护体的皮甲和盾牌，进攻用的青铜长矛、戟、戈以及卫体的短剑，还有长棒（殳）等等。他的奴隶徒步跟在车子后面，只持有极简陋的武器。战斗的胜负，主要靠车上的奴隶主们的搏斗。所以军队的数量不大，战争持续的时间较短，一次战争往往只包括一次战役，战役和战斗没有什么区别，往往只有一天，最长两三天就决定了胜负。到了战国中期，各国武装部队的成员较春秋以前有了很大的变化，攻城略地的灭国之战成为战争的首要目的。各国先后实行"变法"，废除了世卿世禄制，奖励军功，按军功授爵，军队的成分有了很大的变化，士兵主要来自新的劳动阶级——农民。和青铜兵器相比，铁制兵器不但锋利耐用，而且容易制造，成本低，可以大量装备部队，作战的将士就可以扩展到贵族以外的人。这样一来，兵员的来源充足，军队的数量也日益扩大。由于商鞅变法，秦国崛起，统一全国最重要的政策就是"编户齐民"，以军功定社会地位的政策。兵员成分的变化，使得军队的兵种等方面也随之变化。原来作为主力的笨重战车，逐渐被步兵和骑兵所取代，战车部队逐渐退为诸兵种里不占主要地位的一种。这样以步兵和骑兵为主的野战，取代了必须在平旷的原野上才能展开战斗队形的车战。

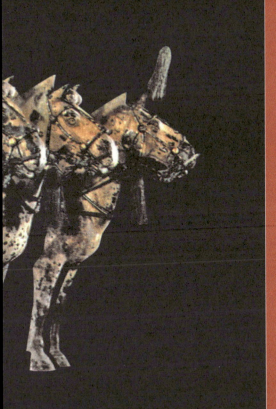

帝国荣光

　　春秋战国在政治上的成果就是秦汉大一统帝国的出现。秦族、秦国到秦帝国的发展历程突显了军事力量在争霸统一过程中的极端重要性。秦的短暂统治和汉的长治久安又说明强大的军队只是社会稳定发展的基础之一。在秦军中，步兵是战斗的主力，战车起着军阵核心的作用，这既是对春秋战国车战的继承，也是新的发展。从始皇陵兵马俑坑中的军阵及铜车马中，我们可以看到战车在秦军中起的关键作用。骑兵也在发展，秦人发达的养马业为此提供了有力的支持。汉初仍然如此，为了对付北方的匈奴，骑兵得到迅速发展，汉武帝积极引进优良的马种，大兴马政。随着铁兵器开始广泛使用，西周以来封建制度的崩溃和宗教观的转变，战车最终从战场退出，成为身份最重要的象征物，代替传统礼器，在礼仪活动中扮演重要的角色，同时也出现了服务于生产、生活的世俗化的车。

置之死地而后生——秦族、秦国和秦帝国

考古新发现与秦族早期历史

　　据《史记·秦本纪》，秦人源于东夷，可能来自山东曹县之北，其先公曾是商王的臣属，为了保卫商的西部边疆而进入关中地区，后因为戎胥轩娶郦山之女为妻并生子，"以亲故归周"。考古学的研究也反映了这一历史，西周时期的秦文化与西周文化和先周文化的关系是最密切的，如以形制及演变大致相同的鬲、盆、豆、罐日用陶器组合，墓葬形制同为土坑竖穴墓，除东西墓向和屈肢葬式稍微普遍外，其他如圆腹罐、三足瓮和墓底腰坑等外来文化因素很少，而且辗转来自周文化。秦族在秦襄公之前，是一个以养马为主要职业的游牧部落。《史记》记载："费昌当夏桀之时，去夏归商，为汤御，以败桀于鸣条。"之后，"造父以善御幸于周缪王，得骥、温骊、骅骝、𫘨耳之驷"，直至周孝王时"非子居犬丘，好马及畜，善养息之。犬丘人言之周孝王，孝王召使主马于汧渭之间，马大蕃息"。20 世纪90 年代甘肃省考古研究所田野考古队钻探并清理了礼县大堡子山两座秦公大墓及两座附属车马坑，惜墓内文物几乎被盗一空。流失海外秦公文物，包含了金箔饰片，韩伟先生对这些珍贵文物进行了及时的介绍和深入的研究。墓葬形制和采

图 204 甘肃礼县大堡子山秦公大墓出土鹰形金箔　图 205 甘肃礼县大堡子山秦公大墓出土方形金箔

用车马坑的葬仪，说明秦族上层早已接受了周文化典章制度的核心内容（图 204、205）。1993 年 10 月，上海博物馆马承源馆长从流失于香港古玩坊肆中的一百件左右秦公青铜礼器中抢救购回了七件秦公器，其中四件秦公鼎和两件秦公簋，均有铭文，还有一件无铭秦公簋。李朝远先生从秦公器的形制、铭文、纹饰、铸造特点、墓葬规格以及相关的史实各个角度论证了这批文物应是秦襄公、文公之器；礼县大堡子山两座大墓的年代应为春秋初期，墓主分别是襄公、文公，而且，就鼎簋而言，"颇有西周晚期器的气度，却缺乏西周器的精致"。另有学者根据考古现象指出，礼县大堡子山 M2、M1 是夫妇异穴合葬墓，其中 M2 墓主可能是秦襄公。礼县大堡子山遗址发掘一座车马坑 K32，是 M32 附属的车马坑，M32 位于 1994 年发掘的 3 号秦公大墓东北方向约 20 米，在西汉水北岸的山峁上，M32 是西南—东北向长方形竖穴土坑墓，出土了铜鼎、铜簋、铜壶、铜盘、铜匜、铜铃等青铜器，棺椁之间西端北侧有兽骨若干，主要为马骨，年代应该为春秋早期。M32 东侧 3

米处为附属车马坑，此车马坑为东西向长方形方坑，长约 6 米，宽 3 米，下藏两车。两车形制相似，均系驾两匹马。马身下挖有深槽，马骨保存较好，均采用跪伏姿态，马身处有多枚铜泡（古代常见的一种装饰物，一般用在衣服、马具或箱子上），以此可以推测马身应该覆盖有甲胄并以铜泡连缀。马头置于西壁浅龛内，带有马镳（与衔配套，镳在口旁，衔在口中）、马衔。另外，车衡、车轭、车辀等也保存较好。车内藏有骨镞、铜戈、铜矛等武器。坑内殉人两具，均为屈肢葬。通过出土矛、戈初步判断，其年代当与 M32 一致，为春秋早期。车马坑 K32 为国内首次完整地发掘春秋早期秦人宗室附葬车马坑，是研究秦公车马埋藏非常直接的证据。

从流失海外秦公金箔纹饰及其用途、青铜礼器、墓葬形制和采用车马坑的葬仪看，说明秦族上层早已接受了周文化典章制度的核心内容。甘肃礼县西山城址是至今发现的秦人最早的城，具有因地制宜的防御功能特点，城邑的建造时代等反映出其最有可能是历史文献记载的"西犬丘"所在。礼县西山遗址内发现的马坑、牛坑及其他动物坑四周都没有同时期墓葬，部分马坑排列很规律，可能和祭祀有关。

西犬丘与秦国的称霸

礼县的考古发现使寻找多年的秦人发迹之地终于得到了落实，看来位于陇南及甘肃高原地区的礼县一带就是非子所居的"西犬丘"。这里从土壤性质、地形地势、草生状况到气候、水源、森林等等，都是一个比较理想的群牧养马场。特别是甘肃高原，草原面积辽阔，极利于发展养马业。秦人的养马业就是在这一良好的基础上，逐步壮大起来的。秦人为商人保西陲，实际上是把自己往狼群里放，当时商人西边存在着强大的蛮族势力，甚至连周人的祖先也是暗地里积蓄着力量打击商朝，所以秦人的处境很险恶。正是由于这个原因，促使秦人在夹缝中求生存。由于拥有发达的养马业，又和周围的各种戎人发生军事、经济和文化等复杂关系，秦人深受戎人影响，尚武务实，有时为了成功不择手段、不惜代价，因此秦逐渐成为一个重要的国家。秦穆公时，秦已是"益国十二，开地千里，遂霸西戎"，随着秦国助周"伐戎"，消灭并驱走了戎人，为了"与诸侯通使聘享之礼"，秦人自己也摒弃一些不利于同诸夏强国外交的"戎俗"。秦国从一个被天子诸侯歧视的边陲杂民小国，发展成一个"天子致伯，诸侯毕贺"的强国。

秦国的养马业与帝国的统一

秦穆公不但十分重视养马业，而且从马群中挑选良马，训练它们用于作战。大约同时期，在两河流域的亚述帝国的石刻中留下了养马的场景（图 206）。秦穆公时产生了中国历史上第一位著名的相马专家——伯乐，他所写的《相马经》一书，就是长期相马实践经验的总结。他把马按品种、体型、毛色进行分类，指出各类良马应具备的基本特征。具体到每匹马，从头、颈、胸、腹、臀、尾、腿各部分形状、尺寸、比例确定马的优劣。书中还详细列出良马的额、眼、口、耳、鼻、蹄、鬃的具体形状。当时相马专家还有九方皋、徐无鬼、寒风、麻朝、子女厉、卫忌、许鄙、投伐褐、管青、陈悲、秦牙、赞君等人，他们都有一套自己的相马经验和方法。秦孝公时，任用商鞅变法，也是大力发展养马业，到秦惠王时期，秦国已是"带甲百余万，车千乘，骑万匹……"秦始皇时代更加重视养马业。《史记·货殖列传》记载，当时一个叫乌斯倮的人，在甘肃泾川一带繁殖马牛，其数量非常多。秦始皇给予了他赏赐和封邑，表彰其养马的成就。秦始皇在东征西战的过程中，使用了七匹著名马匹：追风、白兔、蹑影、追电、飞翩、铜雀、晨凫，从这些名称就可以知道七匹马不同的特性。秦始皇时，不但有专门养马的场所，还有专职的机构和官员。在秦始皇陵马厩坑出土带有"大厩""中""小""宫""左"的陶文，秦封泥中有"章厩丞印""右厩丞印""下厩"，《史记·李斯列传》中提到"外厩"，这些"厩"就是专门养马的厩苑。云梦秦简《秦律十八种》中专门设有《厩苑律》。秦始皇完善了马的官制，设太仆、掌舆

图 206 亚述养马石刻

图 207　陕西咸阳秦三号宫殿壁画上的车马出行图

图 208　湖北云梦睡虎地秦墓出土漆壶彩绘牛马图

马、有丞，边郡置六牧师令，县有厩驺。这些马政机构，负责管理马匹的牧养、训练、使用和采购。秦咸阳三号宫殿壁画上的车马出行图中，驷马步调一致，训练有素（图207）。1978 年在湖北云梦县睡虎地 44 号秦墓出土的漆壶不但艺术地描绘了秦马与鸟飞奔的场面，也显示了秦文化在统一全国中的扩张（图 208）。

　　秦国生于忧患，各方面发展受到极大的挑战，但又有得天独厚的条件，偏居西陲，不在最初诸侯国争战的风暴眼中，不会成为逐鹿中原中的替罪羊或出头鸟，因此在最初的争霸中得以积蓄力量，相机而动，获得最大的利益；长期和社会落后但生性凶悍率直的戎人打交道塑造了秦国强悍尚武、讲求实际的性格；悠久的养马传统孕育了发达的养马业，为战争提供了源源不断的军备支持；编户齐民，广纳人才，大胆任用商鞅一类的奇才，内立法度，务耕织，外攻战，奖励军功，保证了战争最需要的人员和军心，外交上连横破纵、远交近攻，等等。这些因素使被置之死地的秦族建立了秦国，成为春秋一霸，最终"奋六世之余烈，振长策而御宇内，吞二周而亡诸侯"，鲸吞六国，一统宇内，建立了中国历史上第一个统一的封建王朝。虽然因为得天下后不施仁义，没有把握好攻守之势的转换，二世而亡，但为中国多元一体的统一和发展奠定了坚实的基础。

光辉岁月——秦始皇陵中的军阵

秦王嬴政执政不久，就开始营建自己浩大的陵墓工程，"穿三泉，下铜以为椁，宫观百官奇器珍玩徙藏之"，穷尽奢华。最多时动用役夫 70 万，经过 37 年的劳作，才最后建成。为了防止后世盗掘，陵墓内遍设机关和暗弓硬弩。但没过几年，楚霸王项羽攻入关中，调动军卒 30 万人大掘秦始皇陵，又纵火焚之。如今只留下高达 76 米的封土荒冢孤傲地矗立在骊山脚下，向后人展示着昔日的辉煌。

秦始皇陵中的军阵

在始皇陵东侧 1.5 公里处，就是被誉为世界第八大奇迹的秦始皇陵兵马俑。这里有 4 个俑坑，埋藏着兵马俑、战车和数不清的青铜兵器。兵马俑坑是在一个偶然的机会发现的，1974 年春天，临潼县骊山公社西杨村农民在这里打井时，在地下几米深处发现了几个陶俑。这些陶俑五官须眉逼真，个体与真人等大，引起轰动。陕西省的考古工作者经过周密的钻探勘查，数年辛勤的发掘，终于使这些兵马俑重见天日。秦帝国的辉煌岁月，在尘封二千二百多年后，显露出夺目的冰山一角。

4 座俑坑呈南北两行排列。经探测，除四号坑为空坑外，其他三坑都是土木结构，坑内武士、战马、木车排列有序，如果全部发掘，约有陶俑 7500 件以上，战车 130 余乘，陶马 600 余匹。其中一号坑居南，面积也最大，东西长 230 米，南北宽 62 米，如果再加上五条斜坡门道，面积可达 14260 平方米。已发掘面积 2000 多平方米，出土陶俑 1087 件、陶马 32 匹、战车 3 乘、各类兵器 40000 余件（图 209）。依发掘的陶俑密度推算，此坑内埋藏的陶俑、陶马当在 6000 件以上。这些俑按阵法排列。前面陶俑 210 件，分三排横置，每排 70 人，是为前锋。后面是 40 行纵队，纵队的左、右侧一行和后面一排俑均面向外，是为警戒卫队。中间 38 行步兵与战车相间编伍，面向前方，紧随前锋之后，是为战阵的中坚（图 210）。这正是一个有中军侧翼的步兵战车混合编队的严整军阵。二号坑在一号坑东北，两坑相距 20 米，平面呈曲尺形，面积约 6000 平方米，据推测坑内有陶俑 1300 余件、木制战车 89 乘、陶马 110 余匹，都面朝东方。其排列方式为：坑北前端是步兵，中间置三列驷马战车，后面是 12 列骑兵。看来这是一个以车兵

图 209　秦始皇陵兵马俑一号坑

图 210　秦始皇帝陵兵马俑坑战车俑

图 211　秦始皇帝陵兵马俑三号坑战车俑

为主、骑步兵为辅的军阵。三号坑在一号坑西端北侧 25 米，平面呈现"凹"字形，只有 520 平方米，面积最小，坑内中间置驷马战车一乘，周围 68 个武士俑手执兵器面向车待立（图 211）。或可认为这里是一、二号坑的指挥所，但没有主帅，让人颇费猜测。有的学者对这个兵马俑坑作过综合考证，认为它展现的是由徒卒、车兵、弩兵和骑兵分别组成的军、营、战、幕的陈兵场面。

统一中蕴含变化的各型陶俑

兵马俑坑中的陶俑身高 1.75～1.96 米，都是依照关中彪形大汉的形象制作的，或辫发，或戴冠；或披铠甲，或着战袍；或持弓弩，或秉矛、戈、殳、剑，各依军阵布局，站立蹲踞，皆合规矩。入葬之初，陶俑身上都施彩绘，战袍有朱红、枣红、蓝、粉绿、粉紫诸色，铠甲可以清楚地分出铁甲与皮甲，可惜现在色彩已大半脱落。若仔细观察，他们有的宽额广颐，正值壮年，有的修眉细目，稚气未退……匠师们制作这些陶俑时，采用了模制成形，再以人工雕刻修饰细部的手法，这样既保持了整个军阵齐整划一，又突出了每个陶俑的个性和特点。将军俑刚毅沉着，威仪凛然；射手俑半跪半立，精悍机警；徒兵甲士俑勇猛无畏，孔武矫健；御手俑全神贯注，恪尽职守，无一不显露着勃勃生机（图 212）。置身其间，那威慑敌胆的肃杀之气，那于无声处发出的低吼，令人震惊，令人鼓舞。就是这支军队令关东六国的诸侯闻风丧胆，就是这支军队"南取百越，北却匈奴"，占尽适农地区，然而今天他们不是去奔赴刀光剑影的沙场，而是与他们的皇帝在黄土之下同守帝国的荣光。

兵器与铠甲

这些陶俑手中执握的兵器都是用青铜铸造的实战用器，有戈、矛、铍、殳、戟、剑、双刃弯刀等格斗兵器，弓弩、箭镞等远射兵器，秦人的兵器在这里应有尽有。

秦始皇帝陵兵马俑铠甲主要有三种类型：

一型：身甲较短，全甲由长方形甲片编缀而成，无披膊；

图 212 秦始皇帝陵兵马俑坑御手俑

二型：身甲较一型稍长，两肩有披膊，披膊也是由甲片编缀成的；

三型：身甲较长，且在领部加有高的盆领，左右两肩的披膊向下延伸，一直护到腕部，其前还接缀有由三片甲片编成的舌形护手。

其中一型主要供骑兵使用，铠甲较短，是为了乘马方便（图213）。二型则是为一般步兵战士和战车上的战士使用的，也是秦国军队中普遍而且大量装备的铠甲类型。三型是专为战车上的车御使用的，所以编缀有长长的护臂甲，并有护手甲，铠甲的甲身也最长。1997～1998年又有新发现，在秦始皇陵园内的9801号陪葬坑中出土了石制铠甲100余领，石制盔胄40多顶，为皮胄的仿制品，还有鱼鳞石铠甲（图214、215）。

除此之外，在遥远的西南边陲，穿戴甲胄、骑马作战也悄然兴起。1955年以来，考古工作者在云南晋宁石寨山进行了多次发掘，清理了以滇王为首的几十座滇族王室贵族的坟墓，战国至西汉初年的墓中出土的遗物富有滇族本族文化的特色，很少受到中原文化的影响。在这类墓中发现的青铜贮贝器盖上，有两件铸有表现

图213 秦始皇帝陵兵马俑骑兵俑

图 214 秦始皇帝陵出土石铠甲

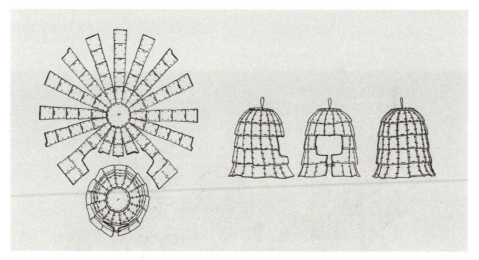

图 215 秦始皇帝陵出土石胄

战争场面的立体群像，分别出土于六号墓和十三号墓中。一件（M6：1）铸有高6厘米的人像22个，还有5匹马；另一件（M13：356）铸有13个人，只有1匹马。滇族的甲胄由头戴的兜鍪和身披的铠甲组成。兜鍪呈卵圆形，顶部正中竖立着一朵很大的盔缨。铠甲由身甲、披膊和盆领构成，盆领较高，护住脖颈。披膊有的

是一整片，也有的可以清楚地看出是由上下横列的甲片组成的。骑在马上的将领，除了头戴兜鍪，身披铠甲，大腿上还有腿裙（图216、217）。这种铠甲和希腊的有些相似，其间可能存在着一些不为人知的关系。

古代波斯早在公元前480年，军队中已经普遍装备铁质的鱼鳞甲，古希腊的历史家希罗多德曾经这样描述波斯皇帝泽尔士的波斯军队的装备：他们头上戴着称为阿拉斯的软毡帽，身上穿着五颜六色的带袖内衣，上面有像鱼鳞那样的铁

图216 云南晋宁石寨山滇国青铜贮贝器上的骑马金人

图217 云南晋宁石寨山滇族献俘鎏金饰上的甲胄

鳞，腿上穿着裤子。这说明波斯人当时已经大量使用了以小型铁甲片编缀的鱼鳞甲了。同样形制的用铁甲片编缀的铠甲，在我国开始使用的时代是较迟的，当时是不是有可能吸收了一些先进的外国技术呢？这需要考古学家以后来解答。

惊世发现——秦始皇陵中的铜车马

　　虽然考古工作者剥离了很多先秦马车，但由于木质部分朽坏，很多细节不清楚，《考工记》等文献记载的车马结构仍然和考古发现对不上号，所以人们对车马的认识一度陷入"疑无路"的困境中。1980年12月在陕西临潼秦始皇陵封土西侧一陪葬坑的过洞内出土排列有序的两辆铜车（图218）。这一组文物瑰宝，不仅气魄恢宏，工艺精湛，装饰华美，而且造型极其严谨、准确。全副马具包括像繁缨这样的细节，都用金属逼真地复制了出来。这对考证古代车辆的结构和名称是非常难得的资料。孙机先生结合文献，详细研究了这两辆车。

一号戎车

　　在文献中，车有很多种，实际上因为分类标准各不相同，其中有些名称是互相交叉的，即同一辆车在不同的场合用于不同的目的就会有不同的名称。秦始皇陵出土的一号车的御者站立在车上，是为立车。铜立车连驾车的马通长225厘米，高152厘米。车为双轮单辕，辕端设衡，衡上的双轭架于两服马肩上。立车上的武器用焊、卡、

图218 秦始皇帝陵出土铜车马

缚等各种方法约束起来。从武器配备看，此车还应当有持弩的车左和持盾与长兵器的车右。铜立车前軨外上配备有弩轪，既可以帮助张弩，又可以放弩。左侧车軨外焊有筒形箭箙，有 12 支箭。前軨之内、车轼之下还有内置箱形的笼箙，盛箭54 支箭。在右侧车軨前部嵌有挡板，挡板与车軨间插一面盾。这个盾插在车前有蔽车的作用，但主要还是与戈、矛配合，供车右使用。《周礼·司兵》记载："军事，建车之五兵。"一号车没有发现车左、车右佩带的剑及车右应持之长兵器，似乎和文献记载不符。《吕氏春秋·悔过篇》说："过天子之城，宜橐甲束兵，左右皆下，以为天子礼。"《左传·僖公三十三年》说："秦师过周北门，左右免胄而下。"一号车没有卸下车盖，说明不在战斗中，而是在仪式中，因此佩剑持戈、矛的车右、车左已经"免胄而下"了，车上当然就没有这些兵器了。由于不是战斗，所以也没有插旌旗。铜立车上的伞形车盖装在活动底座上，可根据需要随时取下，和《左传·宣公四年》杜预注"兵车无盖"的要求并不矛盾。由于车上没有发现专门插旌旗的构件，所以插车盖的活动底座可能也是战时用来插旌旗的。一号车舆后部上面突出的輴（又叫车耳）是迄今发现的最早的一例，其上绘有精细的花纹。铜立车的结构与古文献中所称"小车""戎车"均颇接近，可以代表周、秦时最主要的车型。加之其造型极其逼真，复原后极其完整，各项细节表现得极其清晰，所以对古代车制的研究具有十分重要的意义（图 219 ）。

图 219 秦始皇帝陵出土一号铜车

图 220　秦始皇帝陵出土二号铜车

二号安车的结构

二号车的御者坐在车上，车的一条辔绳末端有刻文"安车第一"，《续汉书·舆服志》刘注注引徐广的话说："立乘曰高车，坐乘曰安。"二号车驾车的人跽坐于前，车厢很矮，车厢两侧有可推启之窗。乘车的人也只能跽坐，所以此车应为安车。但此车有容盖衣蔽，因此从车厢构造这方面来说，二号车又属于辒车（图 220）。

二号车整体用铜制，有少量金、银零件。车盖上附有一层丝织物。因为其车厢为重舆，车盖要遮住前、后两节车，车盖随车之纵深延长，近似鳖甲。《隋书·何稠传》载隋代事："旧制：五辂于辕上起箱，天子与参乘同在箱内。稠曰：'君臣同所，过为相逼。'乃广为盘舆，别构栏楯，侍臣立于其中。于内复起须弥平坐，天子独居其上。"《旧唐书·舆服志》："玉辂，青质，以玉饰诸末。重虞，……"这两处文献都说隋唐之辂才用重舆，其实重舆在秦汉的辒车上就能看到。山东福山东留公村出土的汉画像石中之辒车，车厢分割为前后两部分，主人坐于后舆，御者在前舆中执策驭马。

先秦两汉驱马不用鞭子，鞭子主要用来打人，驱马用铜策。铜策在商周就有发现，不过只存玉或金属部分。过去除了在画像石上看到代表策的一根线条外，只在陕西凤翔八旗屯秦墓中发现过马策的朽痕，因此一直不曾了解其细部构造。二号车出土了策，铜质，铸成带节之形，前端有短刺。这个发现让我们知道了完整的马策。同时可知埃及的马策和中国的很相似。唐以后，驱马才普遍用鞭，装缀之策逐渐不见了。

车舆下的当兔和伏兔值得注意（图 221）。当兔位于车轴和辕交会处。戴震《考工记图》以为"当兔在舆下正中"，然而之前实物未见，在这里是第一次被发现。至于伏兔，在西周车上多呈屐形或长方形，有时其一端楔入轮舆之间的笠毂套管中。然而在宝鸡茹家庄西周墓出土的笠毂，其套管只做出上半边，呈覆瓦状，已不能约束伏兔。至战国时，笠毂更变成一端钉在伏兔上，另一端遮在轴上的扁平饰片。二号车上的笠毂承袭了战国做法，也只是一片从伏兔外侧接出来的板状物，而伏兔的断面近似梯形，上平以承舆，下凹以含轴。

车轴两端穿入毂中，毂长 33.5 厘米，铜车是真车的一半大小的模型，实物约长 67 厘米，《诗·秦风·小戎》中提到"文茵畅毂"，"畅毂，长毂也"。二号车的毂称得上是畅毂了。畅毂加长了轮对轴的支撑面，行车时可更加稳定而避免翻车，但长毂容易在两车相错之时互相碰撞，行车时这种情况经常会发生，所以毂的变化是越来越短。因而战国战车有时"尽断其车轴末"，也就是说，战国时期开始采用短毂。但长、短毂各有利，《考工记》说："短毂则利，长毂则安。"二号车采用长毂，则是出于行车安稳的考虑。车毂端的軎上还系有幡状飞軨。《续汉书·舆服志》说，皇帝车上的飞軨要画苍龙白虎等花纹，但汉画上所见之飞軨常是两条幡状短飘带，不便再

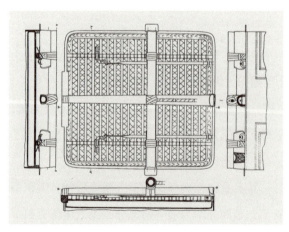

图 221 秦铜车舆底

施绘画，只有呈幡状才符合
要求。以前在甘肃平凉庙庄
秦墓出土的车上发现过珠帛
飞軨。似乎秦车颇重视飞軨，
此物一般用布帛制作，不易
保存，他处少见其实例。

　　两轭内侧轭靷上各系一
条靷绳。两靷的后端结在舆
前的环上，此环即《诗·秦
风·小戎》中的"鋈续"。
此环后部连着一条粗索，系

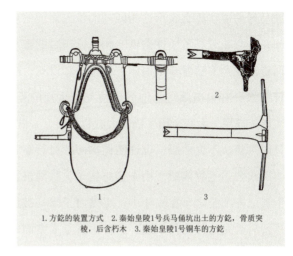

1.方銐的装置方式 2.秦始皇陵1号兵马俑坑出土的方銐，骨质突
棱，后含朽木 3.秦始皇陵1号铜车的方銐

图 222　秦驷马车隔马具

于轴之正中。王海城认为这个环应当是用来系驾马的辔，相当于商周时期的挂缰绳
的弓形器。服马以轭承力，以两靷曳车。服马之外的两匹骖马则系靳，以靳曳车。
靳绳沿两骖内侧向后通过前轸左右的吊环而结于舆底的桄上。这是中国古代发明的
一种独特的系驾方式。二号车的靳正是在骖马背部接出一短带，带端系环，骖之外
辔恰恰从此环中穿过。此环即《诗·秦风·小戎》所记"游环胁驱"中的游环。骖
马颈部套着一根缰绳，这根缰绳还系在服马的轭上，是防止骖马外逸的"靷"。"胁驱"
是装在两服马外胁下的环带。在这个环带上，对外向两骖马方向探出的棒状突棱叫
"方銐"。这一套构件可以防止骖马和服马冲突（图 222）。此物至汉代渐趋废弃。
二号车的服马与骖马均自尾后牵一带经腹下系于轭或鞪上，这就是文献提到的"靽"。

四匹马的行进方式和职责

　　古代的车上四匹马并不是齐头并进的，《诗·郑风·大叔于田》："两服上襄，
两骖雁行。"《左传·定公四年》正义则谓："骖马之首当服马之胸。"意思是
说四马同驾，两服马齐首，两骖马像大雁飞行一样，稍微落后服马一些，骖马的
头应当落后到服马的胸部（图 223）。二号铜车的服马均在额前的络头上装金质
当卢，当卢背面的垫片上有刻文，自右骖至左骖，分别为"曼右一""道二""道三""曼
四"。"曼"即"鞔"，意思是"引导"，"道"是"先"的意思。所以秦代将

服马列为道，还有表示这两匹马的位置靠前的含义。不过骖马虽然位置稍偏后，却并不意味着其重要性偏低。相反，当时的骖马可能比服马更受重视。二号车的两骖都在颈部套着金银项圈，而服马却没有。洛阳中州路战国车马坑中的车，也仅二骖套有银项圈。马饰的丰俭与受重视的程度是有关系的（图224、225）。

《诗·郑风·大叔于田》描写大叔驾车时，一开始就说"执辔如组，两骖如舞"，只说两骖，不提两服，也证明调御两骖对行车相当重要。《左传·桓公三年》记曲沃武公追逐翼侯时，由于道路狭窄，骖马被挂住，只得停止。《左传·成公二年》记齐顷公之车在战斗中，也是由于骖马被挂在树木上而作罢，这些都说明骖马较易受路边外物的干扰，这种干扰是多方面的，包括各种突然出现的情况，甚至大的声响。车子转弯时起主导作用的也是骖马。二号车的右骖在额顶立一装缨的铜杆，就是《续汉书·舆服志》所说用牦牛尾制作的"左纛"，它就是为了便于使四匹马一起转弯而设置的部件（图226）。因为当时的战车一般从左边转弯，像现在英国的交通一样。但战车为什么要左旋呢？这和乘车者的位置密切相关。当一辆战车乘二人时，御手居左，甲士居右，比如始皇陵二号兵马俑坑出土的T14号车。若乘者为三人，则如郑玄所说："左，左人，谓御者。右，车右也。中军，为将也。兵车之法，将居鼓下，故御者在左。"当然，此仅就一般情况而言，例外的场合也是有的。但不论位置如何变动，车上居右之人即所谓"戎右"常常是手执戈矛的勇力之士。因此，当战车转弯时，

图223 秦始皇帝陵铜马车二号车骊马

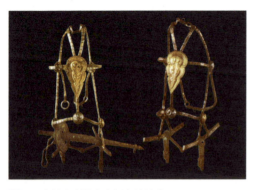

图224 秦始皇帝陵出土铜车马笼头

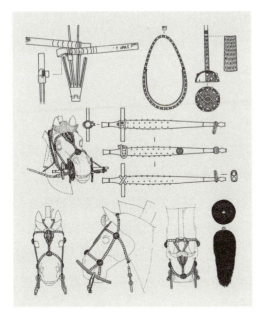

图 225 秦车马具线图

图 226 秦车马左纛

配备武装的右侧应向外，使之仍能起到御敌的作用，而没有武装只有御手的左侧应在内，以便受到保护，在进行车战时，左旋应是御车的常规，是通行的习惯，进而对日常行车也可能产生影响。因此，左纛似不应理解为左侧之纛，而应当理解为左旋之纛。此纛立于右骖头上，则左旋时戴纛的右骖马自右向左催迫诸马，弯子就比较容易掉转过来。有意思的是，罗马帝国的驷马车也有此装置。

正因为骖马不但要抗干扰，而且车的前进、后退和转弯都需要骖马的带动，故宜选胆大、冷静和聪明的马担当，并且还需对这些马进行精心的调教，甚至还要给它们额外加些马具。二号车在两骖马中除安排一套普通马衔外，还另加一套带刺的枣核形的衔，文献称为"橛"，可见当时就是用这种带刺的橛来加强对骖马的控制。

在考古发现中，还有时代更早的带刺马具强制控马的例子，在西周晚期的夏家店上层文化中，就发现带刺的马衔马镳，而这种马镳又来自欧亚草原。周文化也有这种类似的马镳，就是前面提到的带乳钉的 U 形铜片。

从二号车骖马所受的额外对待上，不难看出它们的地位不同于服马，服马有轭的辖制，夹在骖马中间，只是出力而已。而在两骖马之中，左骖似乎更被看重些，它距离御者最近，对行车的各种意图的反应最迅速，出力也最大。所以《考工记·辀人》提出，如果终日驰骋而"左不楗"，即左骖不困倦，就是好车的一项标准。

辔的安排

御者的意图主要通过辔传达给马，无论骖马服马，都直接受辔的调遣。四马八辔，而经传皆言六辔，《诗·秦风·小戎》就说："四牡孔阜，六辔在手。"因此驷马车上的辔如何安排，却还是一个尚未完全解决的问题。如此需要回答：一、余下的是哪二辔，对之如何处理？二、六辔如何安排，才能向四匹马同时发出一致的信号？由于二号车出土时辔已散断，原来的连接法并不十分明确，所以它并未给上述问题留下现成答案。古文献中都说余下的是二骖之内辔。《诗·鄘风·干旄》孔疏："御车之法，骖马内辔纳于觖，唯执其外辔耳。骖马，马执一辔，服马则二辔俱执之。"秦始皇陵二号兵马俑坑所出土的战车车前横木（车轼）上均有两个供系辔的环。有学者认为商周时期发现的弓形器相当于秦车车轼上的这两个系辔的环（图 227）。研究表明，不是骖马的内辔而是服马的内辔系在前舆之上，因为骖马在转弯时是带头的，它的内辔应由御者直接掌握，而不应系结在车上某处；而服马在转弯时只要跟着骖马旋转即可，它的内辔虽系于车厢前的环中，却并不意味着只是徒具形式的不用之物，所以它似乎仍应当像战国铜器刻纹中所见到的车子那样，在前左右交叉一次，因为只有这样，才能将四马之左、右辔分别集中在御者的一侧，在需要的时候，通过调辔使服马和骖马一致行动。何况二号车在衡辕交接处左右各有一银环，这两个环的配置在山东胶州西庵西周车、甘肃平凉庙庄一号和二号秦车、河南洛阳中州路战国车、湖北江陵九店楚车上均曾被发现，似乎服马之内辔相交叉以后曾自此二环中穿过（图 228）。

图 227 秦车系辔的𫐆軥

二号车的马具展示出了一种前所未见的系驾方法。它和当时西方（指地中海及中东地区）的系驾法全不相同。如果将系驾法依其承力的方式来命名，则西方古车采用的是颈带法。西方古车上没有靷，驾车之马用颈带系在轭上，轭连衡，衡连辕。驾车之马通过颈带负衡而前，此法的缺点在于颈带压迫马的气管，造成马奔跑时呼吸困难。二号车的系驾法则可名为轭靷法，这种系驾法可以一直追溯到商代，商代金文中有的车字显示，其中从轭连

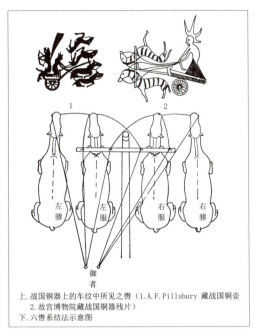

上.战国铜器上的车纹中所见之辔（1.A.F.Pillsbury 藏战国铜壶 2.故宫博物院藏战国铜器残片）
下.六辔系法示意图

图 228 驭车辔绳示意图

至舆前的两条斜线似应代表两靷。可见，轭靷法远在商代便已然确立了。

就在秦始皇陵二号车铸造的时代，中国车制正面临着一场变革。先秦采用轭靷法系驾的独辕车正向汉式采用胸带法系驾的双辕车发展，迄今最早的双辕车出现于商代晚期。战国早期的陕西凤翔八旗屯 BM103 号秦墓曾出土双辕陶车，不过它是牛车，马车采用双辕则不晚于秦汉之际，直到西汉后期，双辕车才取代了独辕车。湖北江陵凤凰山 167 号西汉墓已出土双辕马车模型，且似用胸带法系驾。在晚一些的汉画像石以胸带法系驾之车更比比皆是，胸带法承力部位降至马胸前。轭变成一个支点，只起支撑衡、辕的作用。此法较之轭靷法更为简便实用。它的出现在我国不晚于公元前 2 世纪，而在西方，它要到公元 8 世纪才出现，比我国迟了近一千年。

二号车保留了我国商周车制的许多特点，它代表着一种古老的驷马车的形式。以《秦风》中所咏者与秦始皇陵所出之车具相对照，有好些种类相近似，看来这里面或许包含着若干秦车的传统特点。它和秦始皇帝陵出土的其他若干文物一样，因循墨守的因素多于其推陈出新的成分，和晚了不过几十年的凤凰山 167 号墓出

土的车相较，二号车结构显得保守。马所佩的辔头，可以看成周时期驾车辕马使用的辔头形制的总结，络头由额带、鼻带、颊带和咽带组成，上面串饰有金、银泡饰和节约，额带居中处饰有大型的叶状金当卢。铜衔银镳，镳呈长体弧形。这里面所透露出的秦文化风貌，的确启人深思。汉承秦制，在发现的山东洛庄吕姓诸侯王墓的车马坑中，发现了和秦始皇铜车马一样的铜车，而且是原大的。

为马而战——汉武帝伐大宛兴马政

从杨家湾4号墓看汉初骑兵的发展

西汉前期的军队是骑兵、步兵、弩兵、战车并重的多兵种军队，其中骑兵发展最快，在战斗中发挥的作用越来越大。文帝刘恒时已经开始鼓励民间饲养马匹，并颁布了一系列优惠政策。刘启继位后，颁布了"盗马者死"的严苛律法，在西北边郡建立了36个养马场，每个养马场放养一万匹骏马。陕西咸阳杨家湾4号墓南70米，秩序井然地排列着兵马俑坑11座。1座战车坑居中，4座步兵俑坑、6座骑俑坑分居两侧，作五排分布。11座坑内共出土了骑兵俑580多件，步兵俑1800多件，舞乐俑、杂役俑100多件。这些陶俑排列有序，以雄浑的战阵为他们

图229 陕西咸阳杨家湾4号墓出土骑兵军阵

的主帅送葬（图229）。居于中央的是朱色彩绘的兵车方阵，战车的两侧是以军乐为前导的4个步兵方阵，其后是2个骑兵方阵，再后隔一段又是4个骑兵方阵。有人推测墓主是西汉前期的名将周亚夫。骑兵俑头戴武弁，身穿战袍，足蹬麻鞋，有的战袍外罩以黑色铠甲，手中持盾。骑兵俑的行装与步兵相似，端然骑在战马之上。这时还没有汉武帝时出现的两头高起的专用马鞍，而只是用几条革带将厚厚的鞍垫紧紧地拴缚于马背之上，更没有马镫（图230）。此时骑兵正在发展，数量有所增加，且自成方阵（图231、232）。

图230 陕西咸阳杨家湾4号墓出土骑兵俑

图231 汉画像石驯带鞍马图

从霍去病墓石雕看汉武帝时期对匈奴的反击

汉代北方的劲敌是匈奴。匈奴是草原民族，以畜养牲畜为业，《史记·匈奴列传》记载："其畜之所多则马、牛、羊，其奇畜则橐驼、驴、骡、駃騠、騊駼、驒騱。"其中駃騠是公马和母驴交配所生的杂种，也叫驴骡；騊駼是一种骏马。这里人人从小就操练骑射，擅长运动战，而且他们畜养了良马，在广

图232 西汉初期马具综合复原（刘永华复原并绘制）

图233 匈奴的镞

阔的草原上无所牵挂，来无影去无踪。所以汉兵出塞数千里和他们作战，单单找到他们就不容易，找到了追击也不容易（图233、234）。所以对战马的要求很高，需要擅长远距离快速奔跑的良马。当时所用的马是中原马，不能胜任这个重任。

西汉霍去病墓前石刻群生动体现了当时对匈奴的战争以及马的形象。霍去病（公元前140～前117年）是汉武帝时的一位青年军事家，曾先后六次率兵出征，北越大漠，也向匈奴驻地祁连山（今甘肃西和青海东北）一带进军，经过长期艰苦的战斗，终于打败了匈奴的多次入侵，保卫了西汉边境地区人民生命财产的安全，促进了西亚各国与中国的经济和文化的交流，作出很大的贡献。汉武帝为表彰其功劳，封他为大司马骠骑将军冠

图234 沂南胡人持刀骑兵

军侯。元狩六年（公元前117年），因病去世，年仅24岁。汉武帝为追念其生前功勋，不仅让其陪葬在自己的茂陵陵区内，而且特地为他修建一座高大的陵墓，以象征祁连山，并在墓前、墓上雕刻一批巨型石人、石兽作为装饰。这些作品气势雄浑，取材新颖，风格纯朴，造型简洁，刻画生动，手法洗练，是目前我国发现的古代陵墓石雕中时间最早、保存最完整的一批石雕艺术品。

霍去病墓共有石雕16件，均就地取材，采用秦岭山区硬度很高的花岗岩石雕成。题材有马踏匈奴、卧马、跃马、卧牛、幼象、伏虎、野猪、怪兽吃羊、力士搏熊、石蟾蜍、石鱼、"左司空"题铭石兽、残石人、石鳖和石羊、霍巨孟刻石、霍去病墓竖石等，这批石刻群中两件分别刻着"左司空"（官署名）和"平原乐陵宿伯牙（亦有释为年）霍巨孟"的题铭，可见是出于官府工匠之手，雕琢手法娴熟，具有较高的艺术水平。这些石刻是利用自然石块稍加修饰的办法来处理的，在形象和动态上不受局限。这批巨型的动物石雕，原来就是散置在坟山上的，不论石虎、石牛、石羊，姿势或站立，或卧伏，个个神态不同，造就出祁连山上"山草肥美，六畜蕃息"的河西风光（图235）。值得注意的是这里的马个子不高，特别是腿不

1. 虎（石雕）　　2. 象（石雕）
3. 猪（石雕）　　4. 蟾蜍（石雕）
5. 牛（石雕）　　6. 卧马（石雕）
7. 跃马（石雕）

图235 霍去病墓前石雕

图 236 霍去病墓前马踏匈奴　　　　　　图 237 大夏石马

修长，应当是耐力突出的蒙古马（图 236）。公元 5 世纪初建都统万城（陕西榆林
靖边县城北）的大夏匈奴族政权，他们的墓前石马风格朴实，雄浑刚健，仍然保
留着霍去病墓前石马的神韵（图 237）。

汉武帝伐大宛兴马政

　　由于战马不好，所以晁错上书说："匈奴地形技艺，与中国异，上下山阪，
出入溪涧，中国之马弗与也。险道倾仄，且驰且射，中国之骑弗与也。"另外，
由于长年同北方的游牧民族匈奴作战，所以战马的消耗很大。从公元前 119 年，
霍去病和卫青联合领兵的漠北之战后的十几年里，汉朝没有再打击匈奴，其中一
个原因可能就是先前战马消耗太大。战马的质量和数量这两个原因一直困扰着汉
武帝。

　　在食草的牲畜中，马是最挑食的。什么麦子秆、高粱秆，牛会很开心地吃，
马儿却一口都不吃。马喜欢吃的是豆类这种人吃的食物，这就相当于人口夺食。
一匹马一顿顶几个人的饭量，这些豆子的种植又要消耗人力，战马每天还要参加
大量的训练，消耗能量更多也意味着吃得更多。里外相加，用精饲料养一匹战马
可是一笔不小的开支。深入草原作战，后勤补给的成本更是高得吓人。一般骑兵
作战，后面是步兵负责补给，汉武帝的几万骑兵远征，要配备几十万的步兵补给

军团。汉军拿下河西走廊后，汉武帝元鼎四年（公元前113年），武帝刘彻"梦骏马生渥洼水中"。武帝下诏在中央王朝设苑马寺负责马政，在大马营草原设置牧师苑。大马营草原位于河西敦煌、酒泉、张掖、武威四郡中部，这里有天然大草场和丰盛的水源，历朝王师大军从这里都得到军马补充，这就是山丹军马场。有了山丹军马场，大汉帝国的财政压力才逐渐地得以缓解。

天马只有到草原腹地寻找，汉武帝先是和伊犁河流域的乌孙和亲结盟，得到乌孙天马。当汉朝的军队刚刚扫清了通西域的道路，汉武帝从出使西域的张骞那里听说大宛有汗血马后，便不惜一切代价，派李广利两次发动大军攻打远在今天费尔干纳的大宛，花了三年时间，天下骚动，直到得到汗血马为止。直接战果是得善马数十匹，中马以下公马母马三千匹，不过班师入玉门关时，只剩下一千多匹了。汉武帝得到乌孙天马和大宛的汗血宝马后，两次作《天马歌》表达心志。从大宛得的千里马又被叫作"蒲梢"，《汉书·西域传》将"蒲梢"列为西域四大骏马之一，据林梅村教授考证，"蒲梢"这个词就是印欧语的东伊朗语方言，意思是马。汉武帝不惜劳民伤财的惊世之举被同时代的历史学家司马迁骂得一无是处，认为简直就是为满足声色犬马之好，典型的玩物丧志。汉武帝是一代雄主，凡事都是大手笔，除了好马和好大喜功的个人因素外，他不惜代价发兵远征大宛，也可能是借机用军事力量威慑西域众多城郭小国，为进一步经营西域打下政治基础。只不过他低估了困难，遭受了挫折。不过无论如何也得取胜，否则汉朝无法在西域扎根。清代中叶的一幅无名画家作的《天马图》绘出了汉武帝威服四夷的战略目的（图238）。另外就如余嘉锡先生指出的，武帝四

图238 清代《天马图》

图 239 甘肃肩水金关出土汉代木版画

图 240 甘肃嘉峪关魏晋墓出土砖画《牧马图》

处搜寻良马的确也是为了大兴马政，他在长安为不同的马建了不同的养马厩，还取了不同的名，比如大宛汗血马在承华厩，大宛献的中马收养在大宛厩，并且在适合良马生存的西北地区设官专门养马（图239）。汉武帝完善的国家马政成为古代中国统治阶级的共识，"马者，国之武备""马者甲兵之本，国之大用"。此后，唐王朝对马政更为注重。《新唐书·兵志》末篇特列"马政"一目，可谓卓有史识。其中有两段话说："议谓秦汉以来，唐马最盛，天子又锐志武事，遂弱西北蕃。""安禄山以内外闲厩都使兼知楼烦监，阴选胜甲马归范阳，故其兵力倾天下而卒反。"简明扼要地指出了马政和唐代国运盛衰的关系。《唐六典》卷十七引《汉旧仪》说："太仆牧师诸苑三十六所，分布北边西边，以郎为苑监，官奴婢三万人，分养马三十万头，择取教习，给六厩。"在西北边疆畜养马匹的政策从此建立，监牧、军镇和屯田成为唐朝三位一体的边防体制。欧阳修有一段奏议说：唐世牧地与马性相宜。西起陇右、金城、平凉、天水，外暨河曲之野，内则岐、豳、泾、宁，东接银、夏，又东至娄烦，此唐养马之地。唐代的"六胡州"（今宁夏一带）就是一个重要的马场。1972年嘉峪关市新城魏晋墓出土的砖画《牧马图》或许体现了这一历史（图240）。唐代在今陕西地方，设沙苑监，养了很多马。宋代李公麟摹唐代韦偃《放牧图》可能就是以沙苑为描画对象的。图中一望无际的平坡沙草间，马群浩浩荡荡，共画了1280多匹马，场面非常壮观（图241）。这种传统一直到新中国成立后还在继续，比如新疆、内蒙古很多水草丰饶的传统草场就有著名的军马场。

图241 宋代李公麟摹画唐代韦偃《放牧图》局部

考古发现中的天马

通过优良马种的引进，汉马的素质得到极大的提高。从考古发现中，我们还能看到这个马种得到改善的变化。汉武帝引进良马以前，中原的马都不够俊美。根据鉴定和比较，秦兵马俑坑和牵引铜车的战马品质属于"河曲马"，"河曲马"是我国优良的马种，既可以骑乘，又可以牵引，主要产地在今甘肃、青海、四川等省份的某些地区。河曲马的特点是个小体圆、头型长、鼻梁狭、口裂长、鼻孔大、颈短尻圆、四肢粗壮、蹄广而低、前胸广而肌肉发达、背腰平阔而圆润，这些都充分显示了力气大、持久性强的良马特征（图 242、243）。汉武帝引入天马后，马的面貌大为改观，这时的马头小而英俊，头长而弯曲，胸围宽厚，躯干粗实，四肢修长，臀尻圆壮，与现代土库曼斯坦的良马相似。茂陵出土的鎏金铜马是珍贵的汗血宝马形象（图 244）。汉代还以想象力在天马的身上插上翅膀，更加突显天马行空的神姿（图 245、246）。甘肃武威雷台魏晋墓中出土的铜马昂首挺胸，张口含衔，充满着压抑不住的活力（图 247）。著名的"马踏飞燕"高昂马首，头微左顾，马尾上扬，以少见的"对侧快步"的步法向前飞驰，三足腾空，右后足踏在一只疾飞的鹰隼背上。充满浪漫的想象和传神的艺术表现力，把天马的英姿和神速塑造得淋漓尽致（图 248）。甚至南北朝隋唐时期敦煌壁画中的马的形象也是这种俊美的天马（图 249）。

图 242 陕西阳陵出土的彩陶马

图 243 陕西渭陵出土玉马

图244　陕西茂陵出土的鎏金铜汗血宝马

图245　陕西灞桥发现的翼马

图246　河北定州出土汉代错金银铜管上的翼马

图247　甘肃武威雷台魏晋墓出土铜军马

图248　甘肃武威雷台魏晋墓出土"马踏飞燕"

图249　敦煌北魏佛教石窟中的九色鹿与神马

　　值得指出的是，良马喜好凉爽的天气，南方炎热潮湿，是长不出高头大马的，唐代对马的评级中，产于西南的"蜀马"最差。在云南晋宁石寨山以滇王为首的几十座滇族王室贵族的墓中，发现的马都是吃苦耐劳、擅长爬山的矮种马（图250）。1980年广西壮族自治区贵县出土的西汉铜马高115.5厘米，从其形态看，

图 250 云南晋宁石寨山青铜贮贝器上的滇国战马形象

图 251 云南昆明羊甫头滇人墓出土的大铜马

图 252 云南晋宁石寨山出土滇王之印

应当是云南矮种马。另外，云南昆明羊甫头滇人墓也出土了类似的大铜马（图 251），在同一文化的晋宁石寨山墓地发现过汉朝廷授的"滇王之印"（图 252）。

战车的没落——战车的礼仪化和世俗化

战车的优势和局限

商周时期的战车，是我国先秦时期军事装备技术的代表。畜力驾驶的双轮战车，增强了军队的机动性。车上乘员的武器和防护装备，尤其是锐利的青铜武器，发挥了当时武器的最大威力。战车上可以装备旗鼓等指挥用具，方便通讯联络，保证战斗指挥。但是战车本身也有很多难以克服的缺点，车体的笨重影响了机动性，一乘战车驾上马后面积达 9 平方米，而且不算它本身的重量，仅 3 名乘员和他们的装备至少达 250 公斤。为了保持车子的平衡，就必须有长的车毂。但车毂一长，一不小心就会纠缠在一起，导致战斗失利。战国时齐将田单采取"断轴末而傅铁笼"从而保全了族人的故事，就生动地反映了车毂长是极大的缺点这一事实。其次，战车驾驶困难，中间的服马是用缚在衡上的轭驾在车上，两旁的骖马则只能靠皮条等牵引车辆。御者控制马匹只有辔，对于骖马，还需借助游环等办法控制，使之不远离车辆，这样驾驭就更加困难，更影响了作战性能。因之，战车要发挥威力和展开战斗队形（阵），就只有选择在平坦的原野上才行，遇到山林沼泽等复杂地形，它就无能为力了。地形地貌对战斗成败的影响很大，甚至林木等障碍物，也会导致战斗的失利。春秋时期晋军驾车追击敌人时，骖马为物所挂，车子无法行动，结果车上的人全成了俘虏。不难看出战车的缺点是很严重的，这些缺点都是战车后来被淘汰的原因。战国以后社会性质发生的变化、各国的深度拓疆以及草原骑兵的兴盛都促使战车逐渐从战争舞台上消失。

战车发展的最后阶段

虽然战车从战国以后逐渐没落，但是采取以战车为主的编制向以骑兵和步兵为主的编制转变的过程也是缓慢的。战国末期赵国大将李牧编组的军队，还把战车兵列在骑兵和步兵的前面，但是从车、骑的数量来看，骑兵在军队中的比重已经相当大了。在秦始皇陵发掘出的大型兵马俑坑里，尽管已经出现了骑兵的形象，但仍有大量的战车还挺立在那里，三号坑一车还是指挥的平台。这些车上的陶俑和车前的陶马完整无缺，只是木质的战车已经朽毁了。这些战车依然是单辕四马，上面站着披铠的甲士，而且武器还是以青铜质的为主，看来这些战车还是秦军的主力（图 253）。到楚汉之争时，战车也还在战场上起着一定的作用，夏侯婴就是依靠兵车屡建功勋的勇将。汉朝建立，他任太仆之职，掌管军马的饲养和训练。随着封建制的巩固，在西汉早期的诸侯王墓中，还以车殉葬。到了汉武帝的时候，汉王朝的军队和匈奴持续进行了大规模的战斗，纵横驰骋在广大战场上的是大量的骑兵，他们成了军队的主力。与他们配合的是步兵，再也看不到四马单辕的巨大战车了，大约从那时以后这种战车就彻底退出了战争的舞台。

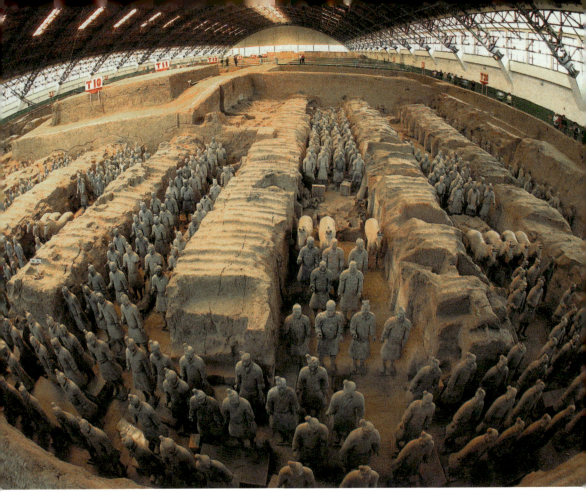

图 253 秦始皇帝陵兵马俑坑一号坑

马车一直是古代礼仪活动的重要组成部分

马车从战场上消失，其在盛大礼仪中的作用却加强了。在商代，战车主要还是用于"祀"。实际上在商周时期，战车就是一些礼仪活动的中心，因为王侯将相都在车上。前面《周礼·春官·巾车》提到的"王之五路"就是这一历史的写照。《礼祀·月令》记载了一套更为理想的制度，但周代没有施行。秦用金银造马车。汉代是否用五辂不清楚，但汉代有五时安车、立车。在西汉早期的诸侯王墓中，还以车殉葬，代替先秦的鼎、簋等礼器作为最重要的身份象征物。西汉马王堆墓墓主虽然不能用五辂，但墓中出的帛画可以让我们知道马车在礼仪中的突出作用。悬挂在长沙马王堆三号墓棺室西壁的《车马仪仗帛画》中有百余人、数十匹马和数十乘车，由于画面上黄烟弥漫，并有祭祀的牺牲，所以这幅画反映的正是墓主在随侍吏员、宦者、鼓乐、车骑拱卫下进行燔柴主祭的场面（图 254）。西晋继承

图 254　湖南长沙马王堆三号墓棺室西壁的《车马仪仗帛画》局部

图 255 辽宁省博物馆藏《洛神赋图》卷中的辂

图 256 山西大同北魏司马金龙墓屏风画上的辇

图 257 河北定州出土明代瓷轿

图 258 四川明蜀王世子墓出土象辂

五辂之制，说明当时的五行学说已经强烈影响到车舆卤簿，晋代时辂的特点得以明确起来（图 255）。北魏时期的辇非常发达（图 256）。南朝偏安，仪制从简，以五牛车代五时车。隋代开始以五辂对应五方正色：玉辂以青，金辂以赤，象辂以黄，革辂以白，木辂以黑。唐和宋代仍沿用这个制度。唐代显庆年间（656～661年）制造的玉辂"稳利坚久"，为"万乘之器"。宋代由于突出其排场，加大车体，多加繁缛的装饰，以致把车轴压坏。南宋时，车由于笨重，再加上重心不好，居然要用人推、压，而且还要用铁压保持平衡，因此速度奇慢，还没有人倒退而行快，可见其狼狈。唐代中期，高官逐渐乘轿子，南宋时，官员乘轿子开始成为风气，明、清时乘轿成了显示身份地位的出行方式，皇帝更是坐各种所谓金辇、礼舆等（图257）。此时，五辂已很少供乘坐，只成了大朝会时充庭的仪仗或大驾出行时的卤簿了（图258、259）。实际这也使中国造车技术进一步发展的势头受到遏制，否则，如果发明四轮车，前面南宋辂车遇到的问题就能迎刃而解。

车的用途多样化和世俗化

战车从战场上逐渐退下来后，大量用于狩猎和出行，车的用途多样化和世俗化，导致各种车型的出现。1963 年西安北郊红庙坡村出土的一件铜镜上彩绘了车马射猎的场面（图260）。隋代除了皇帝五辂和皇后五辂外，皇帝还有用于省问临幸的安车、拜陵临吊的四望车、亲耕的耕根车、宫中所用的羊车和大驾法驾时用的属车，此外还有王侯官员用的辎车、牷车。1941 年长沙砂子塘一座西汉墓中出土的一件漆奁彩绘车骑出行图栩栩如生地表现了亭长和卫士小吏目送贵族出行的

图 259 明代《卤簿玉辂图》中的玉辂

图 260 陕西西安北郊红庙坡村西出土彩绘铜镜（局部）

一车三骑纵队的场面，色彩鲜艳，画面活泼生动（图 261）。这种情景也是汉代画像石的主要题材（图 262、263）。这时期还出现一个变化，就是本来只见于王侯将相家的车也落入寻常百姓家，在一些画像石中表现了停在田头、用于农业生产的车。汉代时中国还发明了简便的独轮手推车，叫作"鹿车"（图 264）。三国时，诸葛亮在"鹿车"的基础上发明了能在崎岖山路上大量运输军粮的"木牛流马"。

图 261 湖南长沙砂子塘西汉墓出土漆奁彩绘车骑出行图

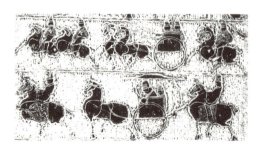

图 262 山东嘉祥车马出行画像石

图 263 四川彭州汉画像石中的车马出行图

图 264 四川彭州东汉酒肆画像砖中的"鹿车"

铁的威力——长安武库和玄甲铁戟

战国时代，铁制武器登上舞台，遂使以前占主要地位的青铜武器黯然减色。到了西汉时期，铁制的武器逐渐替代青铜制的武器，占据绝对优势。再到东汉时期，铁制的武器就完全占据了军事舞台，青铜武器则形销迹灭了。

长安武库

汉高祖刘邦（公元前 206～前 195 年在位）对军队和兵器制造非常重视。西汉建立不久，朝廷就颁令在太仆（执掌皇家车马和马政的官吏）属下设制造兵器的官员。还在都城长安内建造了规模很大的武库，专门储藏兵器，在其他一些关键地区也建有地方武库，这些武库保证了西汉的武器储存、保养和需要。1975～1977 年，中国社会科学院考古研究所对西安武库进行了发掘。武库遗址平面呈横长方形，东西长 880 米，南北宽 320 米，夯土围墙厚 1.5 米。原来在这些库房中一排排兵器架林立，上面放置了多种兵器。现在，这些兵器架早已腐朽，但在地面上留下了不少支撑兵器架的础石。经清理，发现了许多当年存放的兵器，以铁兵器最多，仅铁镞一项就有 1000 件，其他兵器有铁矛、铁戟、铁剑、铁刀、铁铠甲等，其中铁铠甲已经锈结在一起，往往成坨出土，一坨重达几十斤。青铜兵器只有铜镞、铜戈和铜剑格各一件。考古工作者还发现，兵器是按不同的品类分别储藏的。这座武库一直使用了 200 余年，至西汉晚期王莽篡汉，战乱四起，这座武库才被烈火焚毁。

汉武帝当政以后，由于实行了盐铁官营，在全国共设铁官 49 处，集中了冶铁的人力物力，每年用于采矿和冶铸的人数达十万人以上，进一步促进了钢铁生产的发展，为钢铁武器和防护装备的生产准备了充分的物质基础和技术条件。所以，正是在武帝时期，铠、弩的生产有了比较大的发展，大批质量精良、性能良好的铠和弩，供应到抗击匈奴的前线，保证了战斗的顺利进行。

玄甲耀日

班固《封燕然山铭》："玄甲耀日，朱旗绛天。"曹丕在黄初六年（225 年）到广陵故城临江观兵时所赋诗中有"戈矛成山林，玄甲耀日光"之句。《史记·卫将军骠骑列传》解释说："玄甲，铁甲也。"可能因为铁是黑色金属，所以铁铠就称为"玄甲"了。最早的如河北易县燕下都战国晚期墓葬和遗址中出土了一件用铁甲片编缀成的甲衣和编缀甲衣的甲片。到汉代铁质防护装具已经普遍应用于战争。不仅在中原地区的河南洛阳、河北满城、陕西西安等地出土有铁甲，而且在北起内蒙古、东到吉林、南达福建的广大范围内都有铁质防护装具发现。1972 ~ 1973 年发掘的内蒙古和林格尔东汉壁画墓和 1972 年甘肃嘉峪关清理的嘉峪关新城公社三号魏晋画像砖墓中，都可以看到装备着形制完备的铠甲的战士图像。特别是在和林格尔壁画墓的《宁城图》和《护乌桓校尉幕府图》中，画有很多战士，他们头戴顶上飘红缨的兜鍪，身披的铠甲由身甲、盆领和披膊组成，下边还缀有较长的腿裙。内蒙古呼和浩特市二十家子西汉古城出土了一件完整的由颈甲、身甲、披膊及垂缘四部分组成的铁甲衣，吉林榆树老河深东汉晚期墓中除出土铁甲衣外，还出土铁鍪（图 265）。

铁马戟

从西汉到魏晋，钢铁的戟有空前的发展。在西汉，特别是对抗匈奴骑兵的战争中，骑兵成为军队的主力，自然迫切需要发展适用于骑兵战斗的长柄格斗兵器。过去以钩斫为主要功能的青铜戟，很适用于两车错毂时格斗，但当双方骑兵相对驰马冲击时，只有借助快速冲刺的力量来加强兵器效能，才能更有效地杀伤对手，如果像车错毂时那样横挥兵器再回拉钩斫，就完全不适用了。为了达到新的骑兵战斗的需求，戟在改变了质料以后也改变了形状，由钩斫为主改为前

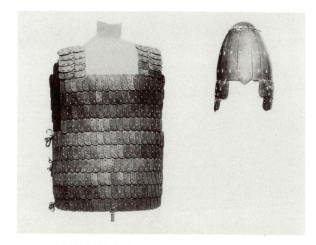

图 265 吉林榆树老河深出土铁甲和铁胄

图 266 河南南阳征集的剑戈

刺为主，戟枝横击和钩斫为辅。这也是戟刺加长，而且刺锋更加尖锐的原因。这种式样的戟正适于在高速驰马冲击时，随着向前冲刺的态势而猛然扎刺对方（图266）。崔骃《安封侯诗》中的"被光甲兮跨良马，挥长戟兮毂强弩"一句，讲的就是骑马挥戟的事。这种骑马用的戟，汉代称为"马戟"，在汉简中有记录。青海大通上孙家寨汉墓出土的132号简，简文为"人马戟"。"马戟"应为骑兵在马上使用的。在满城汉墓、杭州古荡汉墓和盱眙东阳汉墓出土的长（长柄）钢铁戟，全长达226~250厘米，步兵使用稍嫌过长，很可能就是骑兵使用的马戟。我们可以从甘肃武威雷台魏晋墓出土的铜俑看到这种马戟（图267）。

图 267 甘肃武威雷台魏晋墓出土持马戟铜俑

　　进入东汉以后，铁戟的形制有了新的变化，也是为了满足骑兵和步兵战斗的需要，旁侧的戟枝前突成钩刺，更增强了向前扎刺的效能，而完全丧失了向后钩斫的传统功效，这也标志着戟的功能朝着扎刺为主更进了一步。在汉画像石里，有两幅描绘骑兵用戟战斗的画面，分别发现于山东孝堂山和汶上孙家村，不过描绘的都是从后追击前逃的敌人，使用的是早期的戟，仍是采用传统的回拉钩斫的战法。但是在面对面搏击敌人时，则已使用了新的战法，那就是用戟刺及前端戟枝叉敌人的胸部。对于这种手法，文献中不乏记录，如《后汉书·虞延传》有"陛戟郎以戟刺延"的说法。由此可知当时用戟的方法主要是叉和刺。

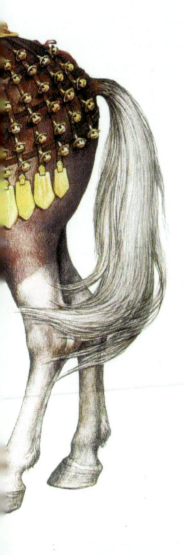

金戈铁马

东汉末年的大动乱使中国又进入一个社会阶级和思想分化、调整的时期。魏晋时期，中原战事频频，但军事技术发展不快，北方的游牧民族在长期吸取中原文化和域外技术的基础上，在军事技术上有了新的创造。鲜卑民族在马具的改进中贡献最大，其中最有意义的是马镫的发明。马镫的发明从根本上减小了农耕军队同草原骑兵的军事差距，骑兵得以在农耕军队中真正成为军队的主力。在此基础上，出现了人马披挂甲胄的甲骑具装，使单个骑兵的攻击力和防护力达到了极致，随着北方牧业和南方农业地区的战争及北方游牧民族不断融入农耕文明，他们创造的先进军事技术也成为中华文明的一部分，同时在军事上完成了从车战时代到骑战时代的彻底转变。随着游牧民的迁徙，马镫传播到欧亚大陆的其他地区，在世界历史发展中起到了革命性的推动作用。

英雄时代——五胡乱华对军事的影响

游牧民族和农耕民族的军事关系

欧亚大陆的游牧民族和农耕民族是世界历史发展中最大的一对矛盾，二者长期的交流、对抗和融合关系是人类历史发展中非常显著的主线之一（图 268）。东亚也不例外，中国农耕区在文化、组织和技术上见长，而北方民族在体格、信息、机动性上有优势。实际上商周时的战车最初就是中原西北方的蛮族通过草原最先接触到的，可以说是在蛮族的挑战和影响下，商周才开始使用战车。春秋战国时的骑射同样如此。早期秦的军事力量也是在同西戎斗争的过程中历练出来的。汉代骑兵的发展主要就是为了对付匈奴。可以说，在冷兵器时代，军事上"矛"和"盾"的升级创新大部分是在南北对抗中完成的。其中一般是北方牧业人群利用便利的交流，广泛吸收各方成就（包括南方农耕人群的），凭着军事文化优势创新在先，南方农耕社会则利用组织、物质和技术优势完善在后，而且在此基础上，把这些军事装备发展成奢华的礼仪用品，成为维系统治的文明手段。

图 268　罗马时期的哈德良长城

五胡乱华对军事的影响

东汉时西方和北方民族就陆续向内地迁移，汉魏统治者为了边防和经济的需要，也常常招引这些民族入塞，其中著名的有匈奴、鲜卑、羯、氐、羌，此时可以说是一个混乱的时代。西晋八王之乱使国家陷入战乱，匈奴贵族灭亡西晋，东晋偏安江南。大量涌入中原的北方民族纷纷建立政权，中国进入南北朝时期。这是一个特殊的时期，北方民族入主文化发达的农耕地区，他们带来了北方独特的思维和性格，并同农耕区发达的文明结合起来，而且在中原发达文化的浸润中，各方面都有一些创新发明，造成深远的历史影响。《南齐书·魏虏传》说："佛狸（拓跋焘）以来，稍僭华风，胡风国俗，杂相糅乱。"军事装备和军事组织就是其中一项，这时期我国古代马具出现了新的面貌，骑兵得到了前所未有的装备，真正进入了骑战的时代。

骑乘的革命——马镫的发明和传播

贵族乘车的原因

先秦时代，马多用于驾车，极少单骑，春秋末年才有贵族骑马的记载，然而直到南北朝以前，我国上层社会的男子出行时，讲究乘车而不提倡骑马，在一些比较隆重的场合，舍车骑马，甚至会被认为是失礼的举止（图 269～271）。汉宣帝时，韦玄成以列侯侍祠惠帝庙，早晨入庙，因大雨泥泞，不驾驷马车而骑马至庙下，结果被掌管礼仪的部门告状，相关的数人皆受牵连被削去爵位。南朝偏安江南，骑马也不普遍。《颜氏家训·涉务篇》说："梁世士大夫皆尚褒衣博带，大冠高履，出则车舆，入则扶持。郊郭之内，无乘马者。……建康令王复性既儒雅，未尝乘骑，见马嘶喷陆梁，莫不震慑。乃谓人曰：'正是虎，何故名为马乎？'其风俗如此。"颜氏的记载对于此等手无缚鸡之力的懦弱权贵们，不无讥讽，但也说明当时不尚骑乘。为什么汉代贵族不重视骑马呢？原因之一是由于马具的不完善。马具中相当关键的一件是马镫。3 世纪以前，世界各地都没有真正的金属马镫，我国也不例外。由于没有马镫，骑乘的难度很大，穿着宽大累赘的褒衣，戴着华丽繁复的大头冠，脚上是高底鞋，不用说骑马出门，就是上马都不便，与乘车相比更显得寒碜狼狈，而且骑马的姿势又很类似当时被世俗认为极不礼貌的踞坐，这在讲究儒雅风度的时代，不骑马是情理中的事。

图 269 河南信阳长台关楚墓出土彩绘漆器

图 270 内蒙古和林格尔县汉墓车马出行壁画

因而汉代除军事行动外，官员都乘车而不骑马。这种传统一直保持到马镫发明以后。在北魏的很多墓中，我们可以看到有身份的人出行，还是以乘坐牛车为主（图272）。山西大同雁北师院北魏墓2号和5号墓共出土10辆牛车。麦积山北周洞窟壁画也生动刻画了骠骑簇拥辂车出行的场景（图273）。

图271 甘肃武威雷台魏晋墓出土出行轺车

马具发展概况

一套完备的马具，是由辔头（包括络头、衔、缰绳）、鞍具（包括鞍、鞯和障泥）、胸带和鞦带所组成（图274）。中国古代骑乘用马具（也可以说是骑兵的马具）的发展，大略可分成产生（战国末年至秦汉，约当公元前3世纪到公元2世纪）、发展（两晋南北朝，约当3世纪到6世纪末）和成熟（隋代以后，6世纪以后）三大阶段。而完备的由辔头、鞍具、镫、胸带和鞦带组成的整套马具，则是到发展期才形成的。有些马具是承袭了周时期驾车辕马马具的传统，另一些部分，特别是鞍和镫，则是适应骑兵的需要而发展出的新的技术装备。前者萌发

图272 北魏元邵墓出土牛车

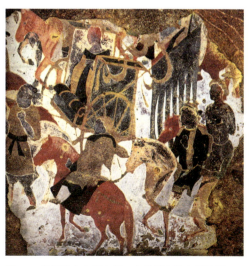

图273 甘肃天水麦积山第4窟北周车马出行壁画

图 274 东汉晚期马具综合复原（刘永华复原并绘制）

于产生期，后者萌发于发展期。这些组成部分有机地合成完整的一套，是在发展期完成的。4 世纪初是其发展关键时期，辽宁朝阳北票北沟 8 号墓、朝阳十二台乡砖厂 88M1、朝阳袁台子晋墓和河南安阳孝民屯晋墓等出土的成套马具，恰好为我们提供了马具发展关键时期的典型实物标本。值得注意的是，这些墓都是慕容鲜卑的遗迹。看来慕容鲜卑不但发明了最早的真正的马镫，其他马具的制作也是走在时代的前列。

上马扣和高桥鞍

那么马镫是如何出现的呢？由于马镫太重要，很多人都在寻找最早的马镫的证据。陕西长安客省庄 140 号墓中出土两枚长方形镂雕花纹的铜带饰，墓葬的时代大约相当于战国末到西汉初年。带饰的图像为两人角抵，两侧各有一匹装鞍的马，鞍的形制近似秦俑坑陶马所装马鞍，鞍的前、后缀有连锁状的东西，曾有人把这认为是皮质的圈镫，实际是垂缨。在青海互助土族自治县东汉墓出土过一枚镂空铜饰牌，牌上的图像是一大马背负一小马，在马体上饰图案纹饰，马腹下饰有方环状几何纹，有人把这几何纹认作是马镫，也是不确的，因马镫从无呈方形的，并且那两匹马都未表现出鞍、辔等马具，仅在腹下设二方镫，难以解释，其应是用来拴挂的环。这两例可能都是匈奴的遗物，匈奴从小骑马，所以他们并不会想到发明马镫，即使他们在 4～5 世纪西迁到欧洲，也没听说他们用过马镫。已经有学者指出，霍去病墓前石牛身上的镫系后人所刻。

湖南长沙西晋永宁二年（302 年）墓出土釉陶骑俑上的镫，表现了中国最早期镫的样子。在这个墓里出土的陶骑俑中，有的在马鞍左侧前缘系有三角形小镫，而马之右侧却没有装镫，乘马者的脚并没有踏在镫里，镫在足部的前上方，并且镫革很短，只有人腿部的一半长（图 275）。由以上现象推测，可能这是供上马时踏足用的，骑好后就不再踏镫了，可以叫作"上马脚扣"。这种小镫，并不是真正的马镫，应该是马镫较原始的形态。2020 年，南京东吴丁奉墓出土釉陶骑马俑上发现迄今最早的"上马扣"。1955 年河南郑州南关发现的西晋陶马已经配垂直高桥鞍，但是并没有上马小镫（图 276）。我国在先秦时代已有马鞍，但这时鞍上尚无明显的鞍桥。为了防止骑者坠马，在汉代，鞍桥逐渐加高。河北定州 122 号西汉墓中出土的错金银攻猎图铜管上回身骑射老虎的勇士坐的正是这种鞍（图 277）。至三国时，出现了"高桥鞍"。可是鞍桥的升高，加大了上马的难度。这时的高桥鞍，后鞍桥还略高于前鞍桥，所以上马比较困难。在这种情况下出现"上马脚扣"是比较自然的。在安阳孝民屯 154 号墓中出土了这种铜制的"上马脚扣"，

图 275 湖南长沙西晋永宁二年墓釉陶骑俑

图 276 河南郑州南关发现的西晋陶马

图 277　河北定州 122 号西汉墓中出土的错金银攻猎图铜管（局部）

时代为 4 世纪中叶。朝阳十二台乡砖厂 88M1 也出土一个铜质鎏金的，时代为 4 世纪初至 4 世纪中叶。其实这种"上马脚扣"有很久远的历史，就中国而论，在云南晋宁石寨山出土的贮贝器上的骑士也用这种"上马脚扣"。1992 年云南江川李家山 69 号墓出土集市贮贝器上的两个骑马人使用绳索脚扣（图 278）。此外，1857 年印度北部钱德拉河北岸贡德勒的一处佛教寺院中出土了一个通体饰花纹的青铜花瓶，时代为公元前 1 世纪，在花瓶肩、底之间为主题图案，是由两名骑士引导的出行队列，两名骑士的双脚放在皮革的绳套中（图 279）。在著名的印度桑奇大塔浮雕上，也能见到这样的骑士（图 280）。第聂伯河下游契尔托姆雷克巨冢出土希腊—斯基泰大银壶中可以看到的这类脚扣可能是比较早的例子（图 281）。这些还不能算是真正的马镫，法国卢浮宫博物馆收藏的帕提亚时代《狩猎图》清楚地显示出骑手的双脚并未放在这种"革镫"中。从西伯利亚到地中海地区，在古波斯、希腊、罗马至高卢人那里，流行着一种跳跃跨马方法，讲究纵身一跃上马。在希罗多德、色诺芬、恺撒等人的著作中都有这方面的记录，革制的"上马脚扣"最初是给年老和病弱的人使用的。马镫虽然是极有用的马具，但在这种跨马法流行的地区中，却失掉了其存在的必要性。所以，除了印度把脚放在这种绳套中外，

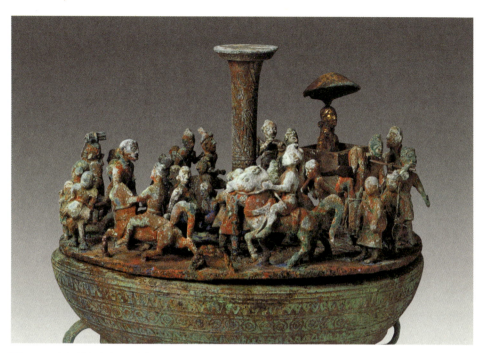

图 278 云南江川李家山 69 号墓出土贮贝器上的骑马人

图 279 印度贡德勒佛寺青铜花瓶图案展开图

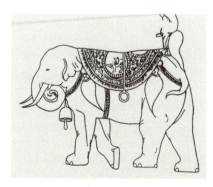

图 280 印度桑奇大塔和艾弗瑞什尔伯马镫

图 281 契尔托姆雷克巨冢出土希腊—斯基泰大银壶中的脚扣

其他都是辅助上马的"上马脚扣"。而且从当时的历史背景看，印度和我国云南和长沙的此类脚扣应当都是从草原地区传入的。

早期的"上马脚扣"只是在马的一侧有，并且要么是革制的，要么是金属的，而最初的马镫却是木芯包金属，形制也不太一样，所以二者是两个不同的系统，有没有关系，现在还说不清。很多学者从类型学出发，渐渐把马镫最初的源头追溯到中国北方的游牧民族。

最早的马镫

1965 年，辽宁北票西营子发掘了北燕冯素弗墓，开始获得了有关马镫的实物资料。冯素弗墓出土的镫，镫柄较短，镫体呈圆角三角形（图 282）。冯素弗死于太平七年，即 415 年。从考古发现看，我们能见到的较早的马镫存在于我国东北朝阳地区慕容鲜卑的马具组合中。迄今发现的最早的马镫是辽宁省北票房身村北沟墓地 8 号墓出土的木芯包铜片马镫，这个马镫通高近 30 厘米，镫柄很长，柄端方形，柄上部有两个穿孔。根据墓中出土的中原魏晋器物，如酱釉小罐、宽边"位至三公"镜、铜钱等，该墓时代为 3 世纪中叶至 4 世纪初。稍晚的是朝阳袁台子东晋墓出土的马镫。这些马镫都是木芯外包嵌青铜片。正如研究马镫起源和传播的王铁英指出，总体来看，北沟墓地 8 号墓出土的马镫不但形制完备，而且时代最早，经朝阳袁台子墓，再到冯素弗墓的出土品，大致显示出马镫由产生到初步成熟的发展过程。

图 282 辽宁北票冯素弗墓出土的马镫

马镫出现以后，骑马的姿势也因此转变。成熟的马镫的使用，标志着骑马用马具的完备，得以使骑兵和战马很好地结合在一起，使复杂的战术动作和列阵的训练变得容易了，使得骑兵的发展进入一个新的时期。武士不但可以穿上笨重的铠甲，也可以把马的冲力转化到兵器上，为十六国到南北朝时期重甲骑兵甲骑具装的发展提供了技术方面的基础。

中国骑马之风的兴起

4世纪中叶至5世纪末，中国南北方，以及朝鲜半岛和日本都开始使用慕容鲜卑发明的马镫。南京象山七号东晋墓（约322年）出土马俑上的马镫，镫环为弧边三角形。中原内地本来不崇尚骑马，但在南北朝至隋，缺胯袍与长鞲靴的广泛流行，为骑马准备了适宜的服装。另一方面，自魏

图283 北朝高级牛车

晋以来，高级牛车的地位上升，达官贵人出行时皆乘牛车，汉代流行的驾马的轺车等车型迅速隐没不见。高级牛车虽比汉式马车严密舒适，但牛步迟缓，车速很慢，人坐进去不免感到气闷（图283）。《梁书·曹景宗传》中记一位将军的话说："今来扬州作贵人，动转不得……闭置车中，如三日新妇，遭此邑邑，使人无气。"马镫的发明为中原骑马之风的兴起奠定了基础，隋代北周统一中国，唐又多因袭隋制，就使北方民族在北朝传播开来的骑马之风，在汉式马车与东晋南朝牛车均已式微之际，得以继续兴盛。唐代，高坐具陆续推广，逐渐改变了人们对踞坐的看法。唐初，贵族妇女乘坐牛车，中唐以后，连她们也不常乘牛车而多坐轿子，男子在隆重的场合都骑马。正如宋人赵彦卫《云麓漫钞》卷四所说："自唐至本朝，却以乘马朝服为礼。"《旧唐书·舆服志》谓："开元十一年冬，将有事于南郊，乘辂而往；礼毕，骑而还。自此，行幸及郊祀等事，无远近皆骑于仪卫之内。其五辂及腰舆之属，但陈于卤簿而已。"流风所及，有些妇女也乐于骑马。中宗以后，"宫人从驾，皆胡帽乘马，海内效之，至露髻驰骋"。《新唐书》骑马之风已通乎上下，马具和马饰就发展得颇为完备而美观了（图284、285）。

马镫在欧亚大陆的传播及作用

鲜卑人可能是最早用金属造马镫的，宁夏固原北魏漆棺墓发现了模仿直柄木芯包铜片的铁马镫。5世纪末以后，金属镫迅速传遍欧亚大陆。南西伯利亚6世纪才使用马镫，主要流行一种"8"字形的马镫，这种马镫最初还保留着直柄的特点，

图 284 新疆吐鲁番阿斯塔那墓地出土唐代骑马女俑

图 285 宋徽宗摹张萱《虢国夫人游春图》中"露髻驰骋"的贵妇人

在直柄的一头绕出一个圈，用来系马镫，后来就简化成一个圈。欧洲的马镫最早发现于6世纪的匈牙利。匈牙利地处东欧，与自黑海向东延伸的欧亚大草原接壤。西方的马镫是由6～7世纪欧亚大陆从东向西迁徙的游牧人带过去的，一般认为这支游牧人是阿瓦尔人。有学者认为，阿瓦尔人可能就是与北魏为敌的北方游牧民族柔然，像匈奴一样，被击败后，西迁逃到欧洲。阿瓦尔人带到欧洲的马镫主要是流行在中国北方的短柄马镫和少量南西伯利亚流行的"8"字形马镫，这两种马镫在欧洲又有些小的发展变化。马镫引入欧洲以后，促成了重甲骑兵的发展，也有助于封建骑士阶级的形成，对欧洲中世纪的历史产生了深远的影响（图 286 ）。

马具新面貌——鲜卑对马具的改进

鲜卑族原是居住于大兴安岭以东、西拉木伦河与老哈河流域的游牧民族。马是他们的主要牲畜，所以很早便有制作、使用马具的传统。早在东汉时，语言习俗与乌桓相同的鲜卑族"男子能作弓矢鞍勒，锻金铁为兵器"。（《后汉书·乌桓鲜卑列传》）《三国志·鲜卑》又载："（鲜卑首领）柯比能……部落近塞，自袁绍据河北，中国人数归之，教做兵至如铠盾，颇学文字。故其勒御部众，拟则中国……"说明东汉末鲜卑就受到中原汉族先进文化技术的强烈影响。在考古学上目前仅内蒙古通辽发现了命名为"舍根文化"的慕容鲜卑早期遗存。鲜卑慕容部自曹魏初迁至辽西大凌河流域，以龙城（今辽宁朝阳）为基地，在中国北方地区活动 200 余年。

图 286 脚踏马镫的欧洲中世纪骑士

鲜卑对马具的改进和充实

富有民族特色的鲜卑（指慕容鲜卑，下同）马具作为重要的随葬品之一，近些年来在朝阳等地不断有新的发现。据不完全统计，在已发现的 40 余座三燕时代墓葬中，出土鲜卑马具的墓已超过 10 座，随葬鲜卑特点马具的墓葬，其墓主人多数为慕容家族，也有少数被认为是鲜卑化的汉人或其他民族。

随葬有鲜卑风格马具的还有辽宁本溪小市晋墓，本溪西接慕容燕镇守的辽东重镇辽阳，是鲜卑与高句丽相互争夺的重要地区，因此其文化遗物呈现出复杂性。根据马具的组合、形态变化及其他因素，可分为三期。

早期的时代在晋太康十年（289 年），慕容廆迁于徒河之青山，元康四年（294 年）移居大棘城，到咸康七年（341 年）慕容皝迁都龙城之间。辽西地区发现的鲜卑马具，分别在今朝阳东和东南的义县、北票一带。以北票房身村北沟墓地 M8 为代表，主要特点是马具组合较齐全，鞍、镫、衔、镳俱有，并附当卢、穿管缀叶泡饰、圭首形饰等马饰；在质料和制作工艺上，多用薄铜片锤打而成，素面无雕饰，部分鎏金，显示出较原始、朴拙的特点。鞍桥包钉薄铜片和鸟首形铜片饰，工艺简朴。

马镫一副两件，木芯外包钉铜片，长柄，椭圆形镫环，镫体厚度一致，踏脚处微上突，呈现出较原始马镫的形态特征。马衔为锻造制成，两股绳状，两节联成，外端穿中有"X"形圆环式或圆盘式铁镳，整体呈长柄桃形的当卢，周边穿缀叶泡饰。

北沟墓地 M8 的时代应在两晋之际，参考未出马具的鲜卑墓葬可以知道，在大量接纳中原流亡人士和吸收先进的金属冶炼、加工制作技术之后，原来占较大比例的皮革马具逐渐被金属马具所代替，马鞍制作成熟而精美。鲜卑马具开始进入一个大发展时期。完善的马具对于提高慕容鲜卑政权的军事能力起到了至关重要的作用。

马鞍的出现和发展是与骑兵的组建和发展相联系的。传出土于洛阳金村的一面战国铜镜上，有一个披甲戴胄的骑士和老虎搏斗，有简单的鞍垫，因此可知，战国末年已开始使用简单的鞍垫了。秦俑坑骑兵俑和咸阳杨家湾西汉早期骠骑俑所使用的马鞍，严格说来只能算是一种鞍垫。它缺乏使其较好地固定位置的结构，它本身用一条肚带扣在马体上，另有一条从马尾下穿过尻部的革带以帮助其不向前滑，但没有胸带。因此这种鞍装在马背上时，较现代装鞍的正确位置要偏后很多，再加上当时马镫尚未出现，因此极大地影响了乘骑效果，这些都表明了当时马具

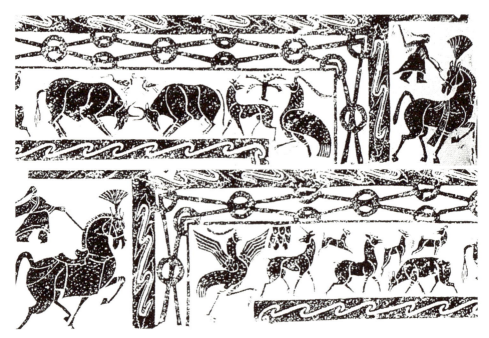

图 287 陕西绥德出土东汉画像石驯马图

的原始性。西汉末年，有前、后鞍桥的马鞍开始出现（图287）。到了晋代，有鞍桥的马鞍已经广泛流行了，从洛阳西晋墓出土陶马装备的鞍可以清楚地看出这一变化。湖南长沙西晋永宁二年墓出土的陶骑俑和陶马上的鞍的前、后鞍桥都较高而且直立，鞍桥边缘还满饰圆泡饰。甘肃高台骆驼城西晋的彩绘木版画上彩绘了牛车、大马，可以看到马是西域种的良马，头上插缨，有短的障泥，还有鞍鞯，最重要的是没有马镫，而且出现矮高桥鞍（图288）。这个墓的彩帛旌铭显示此墓时代为西晋元康元年，即291年。江苏丹阳建山乡的南朝砖室墓中出土的模印平嵌砖画上的马、马具和甘肃高台骆驼城的近似（图289）。新疆吐鲁番阿斯塔那晋代墓中发现的《纸绘墓主生活图》中的马也是这种矮高桥鞍（图290）。十六国时期，由于革带的完善，装鞍的位置有了改变，从过于偏后开始接近较合理的位置。再加上马镫的出现，使得马匹更加易于驾驭，有助于进行难度较大的骑术训练。

随着马鞍的使用，固定鞍鞯

图288 甘肃高台骆驼城出土西晋的彩绘木版画

图289 江苏丹阳建山乡的南朝砖室墓中出土的模印平嵌砖画

图290 新疆吐鲁番阿斯塔那晋代墓中发现的《纸绘墓主生活图》中马配的矮高桥鞍

的革带就显得必要了，自马鞍底下通过马腹的叫腹带，自马鞍绕过马胸的带子叫攀胸，绕过马尻的叫鞦。在秦始皇陵一侧俑坑中骑兵俑的马上，塑出了由鞍后侧向后在马尾下兜过尻部，再连接在鞍上的鞦带。咸阳杨家湾西汉初期骑兵俑的马上，也绘出同样的带和连接鞍前侧的胸带，带上都装饰着红色的桃形缨饰。随着高鞍桥马鞍的使用，胸带和鞦带日趋形成定制。

中期马具可以朝阳袁台子壁画墓、北票喇嘛洞墓、安阳孝民屯 154 号墓出土的为代表，还有北票西沟的征集资料，本溪小市晋墓以及朝阳姚金沟 M1、M2 等出土的马具（图 291、292）。

安阳孝民屯 154 号墓出土的成套马具，镳头的基本结构沿袭着秦汉旧制，只是当卢呈倒置的琵琶状，此外还有几个较鲜明的特点：其一是衔镳的结构，镳呈现板状，近似扁圆形，但上缘凸起一矩形短柄，柄上有横穿，体上透雕蛙形图案；其二是马鞍装高鞍桥，上包饰鎏金铜包片，前鞍桥稍小，后鞍桥稍大，后桥较前桥高出 1 厘米左右，均上阔下狭；其三是鞦带呈网络状，纵横带交会处饰鎏金铜铃，并附有长舌形舌饰，上刻双鸟纹等图案；其四是镫作木芯铜包片，镫柄长，镫体近扁圆形；其五是在鞍桥处有弯头状铜饰片，用以扣接胸带。

图 291 河南安阳孝民屯晋墓出土马具复原（刘永华复原并绘制）

图 292 辽宁朝阳袁台子东晋墓出土马具复原（刘永华复原并绘制）

图 293　前鞍桥包片（左）和后鞍桥包片（右）

　　此期时间约自 4 世纪中叶至 4 世纪末，即慕容鲜卑迁都龙城之后的前燕、后燕时期。由于战争需要，马具的使用已经相当普遍了，无论从哪方面看，鲜卑马具都已进入鼎盛期或成熟期。马具组合与早期相比，变化很小，出现的新因素是不同式样的泡式铜铃和中原式铜铃，而穿缀于当卢和鞦带上的穿管缀叶泡饰却显著减少，鞍桥多包钉鎏金铜片，镂刻花纹。马镫形态变化不显著，仍较原始，但种类增多，有双镫，也有单镫，有木芯包铜片的，也有包皮革、涂漆的，还出现了铜板镫，丰富了我国早期马镫的实物资料。马具做工考究，在鞍桥包片、镳、带卡、銮铃及各种垂饰上采用镂空、錾刻和模铸等多种工艺技术。精雕细刻龙、凤、鹿、龟背、忍冬、柿蒂等装饰图案，构图严谨，工艺精湛，有较高的艺术价值（图293）。直立高桥鞍进一步完善，安阳孝民屯晋墓出土的金铜马具，为我们提供了实物资料，朝阳袁台子晋墓出土的铜鞍桥，特点与安阳孝民屯出土的相同。南京象山七号墓出土东晋时期马装备的鞍，也是这样的垂直鞍桥。最显著的是鞦带的进一步变化，三国西晋时期，出现由纵横多条带子构成的网状带，在纵带和横带相交处，常常缀有圆表状的饰物，最早的例子，见于长沙西晋永宁二年墓出土的骑俑和陶马的马具中，大致是由纵横各 3 条带构成。在广州等地出土西晋陶骑俑的马上，也可看到同样的网状带。安阳孝民屯 154 号墓中的网状鞦带就比较清楚了，上面装饰的铃和垂饰还保留着原来串装在鞦带上的位置，经复原可知原由纵横共 10 条革带构成，用带卡扣接在后鞍桥的后面两侧。鞦带纵横交叉点处都饰有带圆形底座的铃，铃内有铁质的小圆铃舌。最下缘的横带与纵带相交处，下缀长舌状

图294 北魏石刻线图

的垂饰。在第五行纵带的中央，即网状带的中心交会处，装有可上竖缀饰的半球座缨管，这个位置正是后来在披具装铠的战马上安装寄生的地方。从朝阳袁台子墓出土的铜马具中，可以看到相似的带饰。

后期马具只有北票西官营子北燕冯素弗墓有出土。其特点是马具以崇尚实用为主，马镫虽然有木芯外包鎏金铜片，但形制上有所改进，镫柄明显变短，圆三角形镫环的踏脚处已下凹，马具以及其他兵器、车具多用铸铁制作。反映冶铁业较前发达了。除鞍桥、马镫、衔镳、带具等必用器具外，鞦带装饰物大大减少，这是马具发展的总趋势。在冯素弗墓中，缺乏相同的网状鞦带装饰，但并不是说当时这种马具已不再流行，而是因为那座墓中的马具是供披具装铠的战马用的，所以只有大量原是编缀具装铠的铁甲片和一副木芯鎏金铜镫，而没有一般乘马用的鞦带装饰。网状鞦带在南北朝时期一直很流行，在北魏、东魏、北齐墓中出土的陶马上都配备，如河北赞皇东魏武定二年李希宗墓、河北磁县东魏武定五年赵胡仁墓和武定八年茹茹公主墓、山西太原北齐武平元年娄睿墓、河北磁县北齐武平七年高润墓等出土的陶马上都有，北魏石刻线图中显示了这种网状鞦带（图294）。但是还应指出，除这种装着华美的网状鞦带的陶马外，墓中出土的文吏、武士及鼓吹乐队所骑的马上，还主要用简单的一根鞦带，由后鞍桥兜套在马尻上。到了唐代，网状鞦带逐渐简化，横带数量减少，常是只有最下一条，纵带均与其相连，然后在马尻上部相交，在交会处装有带座的珠状装饰，用以代替寄生。同时在横带上垂饰图案精细的"杏叶"。也有的马具不用网状鞦带，而使用鞘带（图295）。

此期当在 4 世纪末至 5 世纪中叶以前,即北燕前后。后期是鲜卑马具从兴盛走向衰落并很快消失的时期,这是由于一方面慕容鲜卑政权的衰落和鲜卑族的汉化,另一方面中国古代马具从此进入了一个新的发展阶段。4 世纪和 5 世纪,在鲜卑族统治的北方各国普遍装备鲜卑式马具,特征是带柄马镫、两桥垂直鞍、硬质箕状障泥、满缀铜铃或杏叶的网状鞦带、椭圆形板状镳等。鲜卑马具直到 6 世纪中期仍有保持原样的,如河北磁县东魏茹茹公主墓所出马俑。但在 6 世纪前期有些已经有了局部的变化,特别是马鞍。大约到了北魏晚期,鞍桥的形制又有了新的变化,表现为前鞍桥高而直立,后鞍桥矮而后体面斜,北魏正光六年(525 年)弥勒造像佛座礼佛图上的马(图 296)和建义元年(528 年)北魏元邵墓出土马俑的后鞍桥已经向后倾斜(图 297)。山西大同雁北师院北魏墓群 5 号墓发现的轻

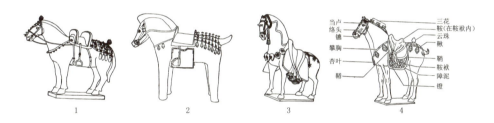

1. 安阳孝民屯 154 号墓出土,4 世纪 2. 日本奈良藤之木古坟出土,6 世纪
3. 洛阳元邵墓出土,6 世纪 4. 唐代马鞍具,模式图,8 世纪

图 295 4~8 世纪的鞍(示意图)

图 296 北魏弥勒造像佛座礼佛图画像上的马

图297 北魏元邵墓出土马俑

图298 山西大同雁北师院北魏墓群5号墓出土轻装马

图299 河北邺城湾漳北齐墓出土轻装骏马

装马，颈涂朱红色，饰有漂亮的忍冬纹图案，颈下系铃，有网状鞦带。值得注意的是鞍为皮革所制，鞍桥前高后低，障泥呈箕状，向外翘起，上面图案新颖华丽（图298）。北齐墓中出土的陶骑俑和陶马的鞍具较清楚地反映了这种变化。装鞍的位置，也前移至大致正确的位置（图299）。武平元年（570年）北齐娄睿墓壁画中的马，除了箕形障泥还保留鲜卑特点外，鞍、鞦、镳的形制均与鲜卑马具有别（图300）。1971年河南安阳北齐范粹墓出土陶马也是这种鞍，而且用虎皮作为鞍鞯（图301）。敦煌北周290窟的驯马图上的马鞍也表现为这种新式样（图302）。这样的变化，开启了隋鞍制之先河。可以想见，如果没有完备的鞍镫，要完成像敦煌北魏249窟窟顶北披所绘狩猎图中那样高难度的骑射动作是非常困难的（图303）。从敦煌北周419窟窟顶东披的射靶图看，其马具基本上和隋唐轻装马具一样了。隋唐以后，中原采用突厥轻便的马具，鲜卑特点的马具在中国已难觅踪迹，只能到朝鲜半岛和日本列岛寻其遗风了。

图 300 北齐娄睿墓壁画中的马

图 301 河南安阳北齐范粹墓出土陶马

图 302 敦煌北周 290 窟的驯马图

图 303 敦煌北魏 249 窟窟顶北坡的狩猎图

甲骑具装——考古所见魏晋南北朝的军备

甲骑具装的出现

280 年，西晋统一了全国。由河内世家大族司马氏建立的西晋王朝，代表了世家大族的利益，重建了门阀地主的统治，大封宗室为王，当时大小封国达五百多个，也孕育了更大的分裂，严重地影响了社会生产力，导致了生产发展的停滞，在防护装备的制造方面，也呈现一种停滞的状态。当时军队所装备的铠甲的主要形制是"袖铠"。

南北朝时期袖铠已逐渐被淘汰，代之流行的是"两当铠"，两当铠的名称来源，是因为它的形制和服饰中的两当近似。两当铠的特征是"一当胸，一当背"，在肩上用带前后扣联。

在两当铠盛行时，一种新型的防护装备也开始大量使用，那就是保护战马的具装铠。"甲骑具装"即人甲和马甲的合称，是古代重装骑兵的防护装具。保护战马的防护装备，在楚墓中是漆皮甲，汉代主要是皮革制成的当胸。长沙西晋永宁二年（302 年）墓出土的陶骑俑和陶马，可以看出当时的马当胸的形象。从文献记载看，东汉末年已经出现了比较完备的马铠了。曹操在《军策令》里，提到"（袁）本初马铠三百具，吾不能有十具"。可见当时军队中装备有马铠的骑兵的数量很少。司马炎就曾送给卢钦以"御府人马铠"，可见当时马铠也是较名贵的。但是到十六国和南北朝这一时期，马铠成为军队中较普遍的装备，常常是数以百计千计甚至以万计。南北朝时期北朝的甲骑具装主要是继承了前燕的形制，尤其是马铠形制与南朝的差别较大。

考古所见甲骑具装

甲骑具装从十六国时期到隋流行了 300 多年，留下了不少的俑和图像。云南昭通后海子东晋太元年间（376～396 年）霍承嗣墓壁画中有骑着铠马、身披铠甲的形象，北票北燕冯素弗墓出土马甲，西安草厂坡一号墓出土甲骑具装俑。北魏太和八年（484 年）的司马金龙墓、孝昌元年（525 年）的元熙墓、建义元年（528 年）的元邵墓和宁夏回族自治区彭阳县等都出土有着甲骑具装的骑马俑。山西大同雁北师院北魏墓群中，5 号墓发现的甲骑具装，马全身披甲，头戴面帘，额部顶上有 3 个花瓣装饰，后尻有插寄生的孔（图 304）。河北赞皇东魏武定二年（544 年）李希宗墓、河北磁县东魏武定五年（547 年）赵胡仁墓、山西祁县北齐天统三年（567 年）韩裔墓、陕西咸阳底张湾北周建德元年（572 年）墓和河北景县封氏墓群，也出土有甲骑具装俑。河北邺城湾漳北齐墓不但出土精美的轻装马俑，甲骑具装也非常精致（图 305）。在南方，江苏丹阳胡桥的一座南朝大墓里，有甲骑具装的砖刻画，在画砖的侧面还有"右具张第 X"的编号。石窟寺壁画里保留的图像，可以麦积山石窟第 127 号窟北魏壁画、敦煌第 285 窟西魏大统年间壁画和第 296 窟北周壁画为代表（图 306、307）。从以上所举的考古材料，依照时代先后的顺序，

图 304 山西大同雁北师院北魏墓出土甲骑具装陶俑

图 305 河北邺城湾漳北齐墓出土甲骑具装陶俑

图 306 敦煌 285 窟西魏壁画

图 307 敦煌 296 窟北周壁画

图 308 河南邓州南朝墓出土彩画像砖

大致可以看出马具装的发展变化，是由比较简单不够完善的早期形态，发展到各部位结构严谨、完备的成熟形态。河南邓州南朝彩色画像砖上的图像，马具结构完备，细部刻画得也很清晰，可以用来作为分析这一时期具装铠的典型标本。

邓州的着彩画像砖，表现的是一匹黑马，上披白色具装，由六部分组成：面帘、鸡颈、当胸、身甲、搭后、寄生。除面帘和寄生外，都是用长方形的甲片编缀成形的。面帘是用来保护马头的，是一整片，双眼处开有孔洞，双耳间还竖有一朵缨饰。寄生竖在马鞍后尻部，形似扇面，上涂粉绿彩，高度与额的缨饰相当，它的作用可能是保护骑乘者的后背。这种寄生除扇面状外，也作树枝状或竹枝状。用来编缀具装的甲片，图像中均作长方形，搭后所用的较小，其余部分的较大，在身甲的下缘包有宽边。马尾露在搭后处，是结扎起来的。马具装一直到北宋时期基本上还是这样的结构（图 308）。

另一幅关于甲骑具装的壁画是敦煌 285 窟的西魏壁画得眼林故事。具装铠的形制和邓州的标本一样，骑士所披的铠甲是两当铠（见图 306）。上海博物馆藏的北魏甲骑具装俑，也是人披两当铠，马披具装铠的。俑或在画像中，也有骑着具装铠战马的战士，披两当铠，并在肩上加披膊。这种加披膊的两当铠，属于两当铠的一种。因此，披两当铠、骑带有具装的战马，是当时重装骑兵，也就是甲骑具装的主要形象。敦煌 285 窟壁画还显示出，与骑兵对抗的"强盗"都是步兵，身穿袴褶，手执刀、盾，但没有披铠甲。从服装、武器等方面看，也正和邓州彩色画像砖中持刀、盾的步兵形象完全一样，这也就是当时一般步兵的典型形象，袴褶就是一般步兵的军装。这就可以看出，南北朝时军队有两类装备不同的部分，一类是人马都披铠的骑兵，一类是装备简陋不披铠的步兵。从当时统治阶级的墓葬里大量随葬的甲骑具装俑，或绘有、刻有甲骑具装形象的壁画、画像砖和砖刻画中，可以知道这些是当时很被重视的兵种，是军队的核心。

1988 年在朝阳十二台乡砖厂 88M1 出土了我国第一副甲骑具装实物，田立坤和张克举研究了这批资料。88M1 是一座有墓道的土圹石室墓，出土有两副铜质鎏金马具及环首直背铁刀、陶器等。根据出土文物和墓葬比较，88M1 当为前燕时期遗存，所以 88M1 甲骑具装的时代不会晚于前燕。

88M1 马胄由面罩、颊板、护唇片组成，均用铁销连接，不用时可以折叠，并有用于扎结的带扣，而且还采用了铆接技术，制作工艺比较先进。

88M1 发现的甲骑具装说明慕容鲜卑不但发明了马镫，可能还在甲骑具装的完善过程中起到了非常关键的作用。除了其本身游牧社会的性质外，东汉末年以来，中原战乱不已，大批汉人流入鲜卑地区，或充当谋士，或教做兵器铠盾，中原地区的精金良铁也通过不同渠道输入到鲜卑地区，为改善、完备骑兵装备准备了充足的技术、物质条件。所以在慕容鲜卑统治的辽西地区最先产生出完备的甲骑具装和与其关系密切的马具就不足为奇了。从形制上观察，其甲片与汉代常见的甲片形制、尺寸相同。因此我们认为前燕的甲骑具装是直接受到中原地区的影响产生的。

88M1 出土的前燕铁鍪源于河北易县燕下都出土的铁鍪。燕下都出土的战国晚期铁鍪从顶到底由 7 层计 89 片甲片编成，全高 26 厘米，所用甲片多为圆角形，宽 4 厘米，高 5 厘米，顶部用半圆形铁甲片做成平顶，压住最上一层，以下几层亦是上层压下层，第二、三、四层前部正中一片压在左右两片上，即前片压后片，依此编到脑后，压在正中一片上收拢。88M1 前燕铁鍪主体部分与其编缀方法完全相同，所不同的是顶片改为一圆形整体甲片，将第二层甲片加长达到耳部，这样改进之后，比战国时期的不仅制作简单易于修补，而且也更坚固了。吉林榆树老河深出土的铁鍪也是这种形制，洛阳与西晋太康八年（287年）出土的陶俑头上也有这种鍪，其初形不定期可以追溯到战国以前的青铜鍪。

慕容鲜卑于3世纪初迁居辽西，经过百余年的发展，由弱到强，直到337年建立政权，他们击败东北地区的夫余的段氏、宇文鲜卑二部及高句丽，进而问鼎中原，究其原因，除慕容氏在内政外交上采取了顺应当时形势的政策，得到大多数汉族和少数民族支持外，还有较强大的军事力量。而骑兵，尤其是装备有甲骑具装的重装骑兵当起到了重要作用。

西晋时世族门阀的势力恶性膨胀，形成封建的人身依附关系很强的部曲佃客荫户制，与此相联系的是豪族地主拥有自己的部曲私兵。这些豪门世族，不仅有私兵部曲，而且拥有精良的军事装备和武器，包括大量的甲骑具装。《晋书·桓宣传》记桓伊家拥有"马具装百具，步铠五百领"。《北齐书·高季式传》记："季式兄弟贵盛，并有勋于时，自领部曲千余人，马八百匹，戈甲器仗皆备。"这些部曲，形成了军队的核心。自匈奴刘曜灭掉西晋后，北方开始了各民族统治者纷争的历史时期，而匈奴、鲜卑等少数民族，原来的社会发展比较落后，进入中原前多是游牧经济，长于骑射，军队的主力是骑兵，军事制度又往往保留着氏族的纽带，进入中原后和门阀世族相结合，也就逐渐变成部曲为核心的军队组织了。骑兵的大量使用，也就促进了战马防护装备的发展。例如刘曜的亲卫部队——亲御郎，就是一支精锐的披甲乘铠马的重装骑兵部队，是他的军队核心。因此在南北朝时期，适用于重装骑兵的两种铠甲两当铠和具装铠大量使用，成为当时最主要的防护装备。所以甲骑具装产生和在南北流行是由当时的社会制度、军队组成、战术变化等多方面的因素决定的。

在我国古代结构完整的具装铠，是伴随着十六国时期匈奴、鲜卑等少数民族进入中原地区而大量

图309　安息甲骑具装

使用的。有意思的是，同样类型的保护战马的铠甲，在古波斯出现的时期更早些，幼发拉底河畔的杜拉尤罗波斯，也正是在"丝绸之路"那里发现的安息时期图像中，有一个披着铠甲头戴兜鍪的骑士，他的战马也是披着马铠的，整个图像和十六国时期以来在我国流行的甲骑具装极为相似（图 309）。从罗马皇帝图拉真在 106～113 年

图 310　罗马皇帝图拉真纪念碑上罗马骑兵击败萨尔马泰甲骑具装骑兵

修建的纪念碑上看，被罗马骑兵击败的萨尔马泰的军队装备的是鳞甲的人甲和马甲（图 310）。在外高加索早期游牧文化中也可以看到马甲的雏形。在古代以游牧经济为主的一些民族，并不受所谓国家疆域边界的限制，他们从东向西或从西向东流动，促进了东西方的文化和技术的交流。由于甲骑具装的大量使用，正是伴随着匈奴、鲜卑等民族进入中原而出现的，所以这种军事装备的制造和使用，也就很有可能是吸收了安息的技术而发展起来的。

流瀛海东——中国马具在东北亚诸国的传播

中国马具在东北亚诸国的传播

中国古代的甲胄马具，对于我国东边的朝鲜半岛和近邻日本，有很大影响。仅以甲骑具装为例，通过当时居住在东北边疆的高句丽，再经过朝鲜半岛，把这种重装骑兵装备的人甲和马铠传到了日本。

高句丽是一个"便鞍马，善猎射"的民族。但马具的制作直到两晋之际才有了较大发展，出现了能保存下来的金属马具。特别是高句丽于公元 3 年自纥升骨

城（今辽宁桓仁五女山山城）迁都国内城（今吉林集安），同时筑尉那岩城（后称丸都），吸收了汉和其他民族的先进文化，推动了社会经济的迅速发展，国势日益强大，与邻国特别是与鲜卑前燕的战争频繁，因此促进了马具的发展与完善。特别是椭圆形板状镳、高直立的前后鞍桥及铜包片、长柄扁圆体木芯镫、穿管坠叶饰和慕容鲜卑的形制几乎是相同的。只是杏叶流行心叶形，明显是受了中原地区流行的马具的影响。正如王巍指出，有机质镳的辔具可能是高句丽的特点。

朝鲜半岛高句丽、新罗、百济三国时代马具的资料比较丰富，出土马具的有庆州天马冢、饰冢、金铃冢、银铃冢、金冠冢、梁山金鸟冢、夫妇冢、庆州皇南里109号墓和皇吾里14号墓等。高句丽早期马具时间约从3世纪末到4世纪中叶前后，以集安万宝汀242号墓为代表。这时马具种类较少，综合起来有鞍桥、衔、镳、带卡及桃形饰件、铜铃等，但各墓均无成套马具出土。铜质马具多素面无雕饰，少数鎏金、镂空或錾刻简单的花纹。鞍桥仅在边缘包钉窄条铜片。铁衔由棍状两节组成，中联以环，衔端环穿镂空的"S"形镳。

高句丽晚期马具自4世纪中叶至6世纪，其基本特征是：大部分马具成套出土，鞍、镫、衔、镳俱全，并配有马具饰件。鞍桥包边用鎏金铜片或铁片，有的精雕细刻龙、凤、忍冬等纹饰，其他种类马具也常采用这类纹饰。马镫有拧绳状和棍状两种，镳作圆板式或环式，也有"S"状。马饰有不同式样的缀管叶铜泡饰及长条形、鱼尾形饰件。还有圆形和钟形铎铃。综观这些马具，早晚差别十分明显，大体以5世纪中叶前后为界，早期马具多为铜质，流行包铜皮马鞍、木芯马镫、缀管叶泡饰等。在集安三室墓中，画有两个骑士交马战斗的图像，其中右侧一骑的马具装画得很清楚，通沟也有一幅这样的壁画（图311、312）。晚期为铁马具，如形态较前进步的铁镫，此外还出现了鱼尾形饰件。在地域上，朝鲜半岛北部和南部也存有一定的差别。这些地区的马具同样是受到中原地区马具影响的产物，比如天马冢是相当于5世纪末到6世纪初的墓葬。出土的马具很完备，可以看到圆板状的，装在高鞍桥上前、后鞍桥的铜包片，扁圆状的长柄木芯铜镫，以及装在带上的饰品。这些都含有高句丽墓马具的特点。在这座墓的马具中，还有彩绘天马图像的障泥，天马的形象特征和甘肃丁家闸十六国时期壁画墓中同样题材的画像极为近似。其他新罗墓葬，如金铃冢、壶冢、义城塔里古坟等出土的马具，

图311 吉林集安三室墓中的甲骑具装壁画

图312 高句丽通沟墓中的甲骑具装壁画

以及金铃冢中出土的骑马人物壶上塑出的马具，也都显示有同样特点。这些特点，也表现在朝鲜半岛南部伽耶地区墓葬出土的马具上，包括高鞍桥马鞍上的鞍桥铜包片和扁圆状的长柄马镫（图313）。在潘溪堤夕A号坟出土了木芯外包铁片的壶镫残部。这种铁镫是从早期的直柄镫发展而来，在镫的下面装上包脚前掌的脚踏。这是朝鲜半岛首次发现三国时期的壶镫。

日本列岛古坟时代后期的马具，董高先生把它们分为三期。

图 313 朝鲜半岛南部的伽耶马胄、鞍桥包片、马镫

一期又分为北九州和畿内地区两个组。

A 组：有北九州地区福冈县老司古坟 3 号室和池之上 6 号坟出土的马具，时代在 4 世纪末至 5 世纪前叶。其特点是马具种类少，仅有实用的鞍桥、铁衔、镳、带扣等。衔由两节组成，拧绳状，有环相连，衔端内穿"U"形镳。

B 组：畿内地区，有滋贺县新开 1 号坟、大阪府七观古坟、誉田丸山古坟等出土的马具。时间约从 5 世纪初至 5 世纪中叶以前。此组发现了木芯包铁皮马镫和透雕龙纹鞍具，少量穿管缀叶泡饰、三环铃、马铎、节约等。衔由两节铁棍组成，衔端穿带孔椭圆形铜板式镳，还有透雕龙纹或双叶纹"S"形镳镳。

二期：分布地域比较广泛，墓葬资料亦较丰富。如冈山县筑山古坟、京都

府谷冢古坟、大阪府长持山古坟、东京都龟冢古坟等。时间自 5 世纪中叶至 5
世纪末。5 世纪中叶，马具中增加了新的因素——剑菱形杏叶，它与"S"形镳
辔组合，成为 5 世纪马具的主流（图 314）。同时仍存在铜或铁制椭圆形板式镳。
5 世纪中叶流行的木芯铁皮马镫，形态上已有所改进，5 世纪后期日本出现壶形
铁镫（图 315）。

三期：分布范围广，资料多，如奈良县三里古坟、东大寺山 6 号坟等。奈良
藤之木古坟出土的马具尤其引人注目。本期特点有：剑菱形杏叶与"S"形、椭
圆形镳辔仍然盛行；出现的新因素是棘叶形、人钟形杏叶；木芯包铁皮镫和铁镫
同时并存；工艺水平较前大大提高，许多器物如鞍桥、杏叶等，采用镂空、錾刻、
剔雕等工艺，装饰龙、凤、狮、象及龟甲纹、忍冬花纹等图案，华丽精致，如藤
之木古坟鞍桥前后轮（图 316）。此期约当 6 世纪。5 世纪马具的主要特征到 6
世纪前半期便已大部分消失，逐渐演变为 6 世纪中叶以后广泛流行的新形式的马
具（图 317）。

慕容鲜卑、高句丽、朝鲜、日本马具之间存在着复杂的相互联系与影响。慕
容鲜卑和高句丽是晋以后活动于我国东北地区历史舞台上的两个重要族群，地域

图 314 日本剑菱形杏叶

图 315 日本壶形铁镫残件

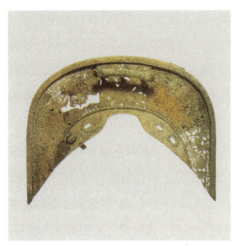

图 316 日本藤之木古坟鞍桥前后轮　　图 317 日本古坟时代马形植轮

相接，来往频繁。朝阳十二台乡砖厂88M1甲骑具装发现证明，朝鲜半岛和日本列岛古坟时代的甲骑具装是在前燕甲骑具装的影响下产生的。朝阳十二台乡砖厂88M1甲骑具装与朝鲜平壤安岳冬寿墓壁画中的一致。冬寿为辽东人，初仕前燕司马，由于统治阶级内部斗争，336年逃往高句丽。冬寿葬于东晋升平元年（357年）。冬寿墓是一座大型石室墓。壁上画有内容丰富的壁画，从冬寿墓的墓室结构看，直接承袭了我国东北辽阳一带三国时期的壁画石墓的做法，壁画题材也是我国汉代画像石的内容和形式。与冬寿墓结构、壁画内容相近似的右室壁画墓在辽西十六国时期墓葬中也有发现，因此属于辽西三燕墓系统。除冬寿墓外，在平壤附近还发现过与冬寿墓相似的古坟，所以冬寿奔高句丽时，除去军队以外，似乎还带去了很多的百姓，使冬寿不仅能在当地站住脚，而且还得以保留本民族的文化传统。其墓壁画中所反映的甲骑具装应是前燕建国前后的骑兵装备。

从时代看，慕容鲜卑和高句丽的马具产生最早，发展程度也高，在马具上尤其存在很多相同或相似的因素，但仔细观察，高句丽使用完备的马具的时间略晚于鲜卑，马镫、鞍桥、穿孔缀叶泡饰、椭圆形镳等，应是受到慕容鲜卑强烈影响的产物。但高句丽马具中双节棍式铁衔和"S"形镳，不见于鲜卑马具里，是高句丽马具的特点，也可能是受到匈奴等中国北方其他游牧民族的影响，特别是"S"形镳在中国流传有序，可以追溯到西周时期，晚至西汉都有，所以可能是这个传统的延续。

朝鲜半岛三国时代马具，北半部的高句丽马具是集安高句丽马具的延续和发展，而南半部的新罗和百济则主要是受高句丽和辽西鲜卑的强烈影响，如马衔既有拧绳状也有双节棍式，镳也有多种，鲜卑圭形饰在高句丽墓不见，类似饰件却在朝鲜半岛与后来的椭圆形饰相结合，形成一种新的具有朝鲜特点的鱼尾形饰，日本常见的剑菱形杏叶，也可说是这样形成的。1985 年在韩国东莱福泉洞出土一件铁马具装，其形制特别接近朝阳十二台乡砖厂 88M1 的马具装。其间的继承关系是显而易见的。日本和朝鲜半岛甲骑具装受到中国十六国三燕的影响是通过高句丽为中介实现的，同时对朝鲜半岛和日本产生影响的还有与甲骑具装关系密切的成套马具和带具等。如高句丽地区、朝鲜半岛南部、日本列岛发现的马鞍、马镫、杏叶、步摇等都与辽西三燕马具有密切关系，有些可能是直接从中国传入的。

鲜卑与日本的关系由来已久，早在 1 世纪，鲜卑首领檀石槐曾"东击倭人国，得千余家，置（乌侯秦水，即今老哈河）水上，令捕鱼以补粮食"。《水经注》记载：三燕时期龙城（今辽宁朝阳）西境有"倭城"，应即居住倭人之城。由此推测，慕容鲜卑的骑兵在征掠朝鲜半岛的战争中，很可能与倭军接触过，甚至可能渡海到日本。特别是倭与高句丽的接触和矛盾，促成倭人大量引进马具和骑兵使用的兵器及防护装备，所以日本马具受到了以朝鲜半岛为跳板的慕容鲜卑马具的直接和间接的强烈影响。

从考古资料看，日本马具发轫于大和国侵略朝鲜半岛之后的 4 世纪末叶。在日本古坟时代中期的古坟中，约当 5 世纪中叶时，随葬品中开始出现马具。滋贺县新开 1 号坟出土有一套马具，据认定它们是属于 5 世纪的遗物，其中有前后鞍桥的铜包片、连装有圆板形的马衔和一副木芯外包铁包片的扁圆形镫，以及铜马铃和带上的饰件。其中镫和鞍桥都显示着和孝民屯晋墓出土马具相同的特点。再如著名的丸山古坟出土的透雕龙纹鎏金铜鞍桥包片，制作的技法与吉林集安万宝汀 78 号墓出土的相似，可能是由中国传出去的产品。此外，与孝民屯 154 号墓出土的弯形铜鞍饰相似的标本，在奈良县石光山 8 号坟出土过，以后又在古坟上放置的植轮中出现马形植轮。到 6 世纪时的马形植轮身上，已塑出辔头、鞍具镫、胸带和鞦带等全套马具。属于一期 A 组的北九州地区马具包括鞍桥、拧绳状衔及

图 318 辽宁北票喇嘛洞 M5 发掘现场

镳等。虽然朝鲜半岛也存在这种马具，但源头是在辽西鲜卑那里。其他如马镫、椭圆形镳以及剑菱形杏叶等，都是如此。像大阪誉田丸古坟的龙纹鎏金铜鞍板饰，与朝阳北票三燕墓出土的同类物几乎完全一样，很可能产于辽西，而后传入日本。1958 年底，在日本和歌山市大谷古坟中出土了一具战马使用的具装铠，以及鞍、辔和镫等全套马具。出土的马面保存完好，额顶有三瓣形花饰，两侧有半圆形护颊板，与朝阳十二台砖厂 88M1 和西安草厂坡、吉林集安三室墓壁画的马

图 319 辽宁北票喇嘛洞 M5 出土当卢

面形象基本相同，可以明显地看出它们之间的渊源关系。日本学者认为大谷古坟属于豪族纪氏，是与侵略朝鲜有关的家族。墓内的马具装和武器，深受中国先进文化的影响。另一方面倭王也开展了对中国南朝的外交活动，由于当时中国南方和北方使用马具有着共同的特点，因此也不排除倭直接从中国南方引进马具的可能性。从以上这些例子，可以看出日本马具和三燕、朝鲜半岛和中原内地马具的渊源关系。近年辽宁北票喇嘛洞鲜卑墓地出土了时代更早、更完整的马具，而且出土了甲骑具装，更加明显地证明这种源流关系（图 318、319）。这些特点可以举出以下几项：其一是马具装，其二是具有圆板形马镳，其三是前后直立高桥鞍，其四是带有长柄的扁圆形马镫，其五是鞦带下垂饰杏叶，以及鞦带在尻上相交处装的云珠。此外，与当时中国缚扎马尾的习俗一样，也把马尾束成微向上的角状。

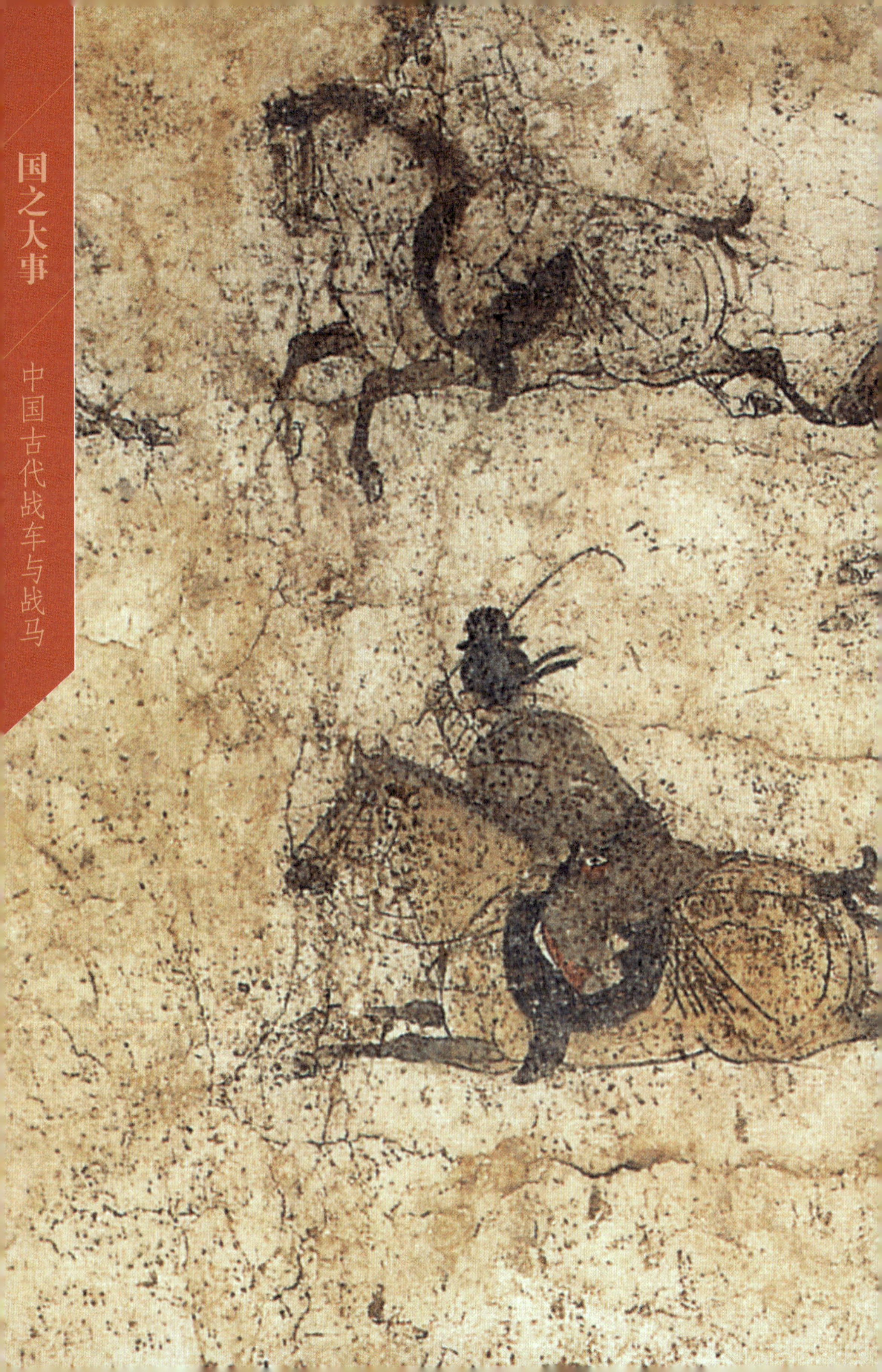

横刀立马

骑战真正走向成熟是在隋唐时期，其标志是长矛大刀代替戟剑和轻装骑兵的出现。在这个过程中北方的突厥可能起了关键的作用。甲骑具装尽管矛盾皆强，却是以牺牲机动性为代价的，而且防护过度了，影响了骑兵攻击的力量，且由于造价昂贵，也不可能成为一种普遍性的装备，因此，到唐代单纯成为一种礼仪用品也是历史的必然。

唐代是中国历史上最为繁盛的时期，在马及马具上也生动体现了包容四海、融汇古今的盛唐气象。把马用于马球运动直接反映了中西交通的广泛，训练宝马良驹跳盛装舞则为千百年英武雄浑的马文化中增添了别开生面的内容。社会动乱中身怀绝技的舞马被弃、被杀的遭遇也警示着盛世的危机。轻装骑兵如同唐代的众多文化遗产一样，成为具有深远历史影响的因素，为宋元明清所继承，直到火药兵器彻底击溃骑兵的优势。

与时俱进——长矛换马戟，大刀替长剑

长矛换马戟

战国末期骑兵开始作为独立的兵种出现，但由于没有马镫，所以骑兵的发展还是受到限制，即便注重骑射的赵国，在名将李牧组建的部队中骑兵也只占9%。秦始皇陵陶俑坑中发现的是战车部队和步骑兵混编的景象。成建制地大量使用骑兵，开始于从秦末农民大起义经过楚汉之争到西汉初年这一段历史时期，这些骑兵主要使用马戟作为兵器。西汉到魏晋，骑兵的发展以及钢铁技术的进步，使戟得到空前的发展，主要是增强了其向前叉刺的效能。魏晋时，由于戟制作工艺复杂，而且不利于刺透越来越完备坚固的甲骑具装，入主中国北方的鲜卑人把制作简单、锋利的稍带入中原，戟渐渐只在步兵中使用，而骑兵开始使用像矛一样的马稍（图320）。三国时矛取代马戟的趋势已经相当清楚了，张飞用的就是丈八蛇矛。唐代时，戟已经不再是兵器了，成为仪仗使用的门戟。

图 320 敦煌北周 296 窟壁画所画轻装骑兵

大刀替长剑

剑也随着骑兵的兴起而衰落。商代的剑主要为北方民族使用，用于防身。剑的名称，正是因它的用途而得名，据《释名》："剑，检也，所以防检非常也。"西周时期以车战为主，两军对阵时，首先用远射的弓矢，待到战车错毂格斗时所用的武器就是长柄的戈、戟和矛了。只有双方战士扭打在一起时，仅有十几厘米锋的剑才会起作用，但是在车战的环境下，这种机会是不多的。由于以上原因，在西周初期车战所使用的武器组合中，剑是不占主要位置的。可以说，汉代以前，剑主要作为统治集团显示威仪的佩带之物。在战场上，由于马速很快，想要毙伤敌人主要靠挥臂劈砍，而不是用剑向前推刺。剑虽然两侧都有刃，但是劈砍时只能使用其中一侧的，另一侧的刃不但不能发挥作用，而且使制造工艺更为复杂，要在狭窄的剑身两侧都做出同样锋利的刃口，只能把全器最厚的地方安排在中脊处，这样一方面工艺要求高，另一方面在劈砍时容易折断。只有解决这些问题，才能为骑兵生产更适用的劈砍武器，提高战斗力。于是在西汉时期，出现了环柄的长刀，1 米左右，这是一种专用于劈砍的短柄武器。它只在一侧有刃口，另一侧做成厚实的刀背，同时去掉了尖锐的长剑锋。厚背薄刃不但从力学角度利于劈砍，

图 321 山东沂南画像石墓墓门横额上的战斗图像

而且刀脊无刃，可以加厚，因而不易折断。西汉时期的铁刀，直脊直刃，在刀柄和刀身之间没有明显的区分，一般没有像剑那样保护手的格，只有个别的加有和剑格一样的铜质或铁质的格。刀柄首端毫无例外地被制成扁圆的环状，所以常常叫它"环柄刀"或"环首刀"。在洛阳的西汉墓里，环柄长刀的数量明显增多起来，在《史记》《汉书》里存有不少西汉时期将校官吏佩刀的记录。由佩剑到同时也开始佩环柄刀，说明环柄刀日益受人重视。

适于劈砍的环柄长刀，逐渐地在战场上把长剑排挤开去，成为军队中大量装备的短柄武器，这一变化到东汉末年已接近尾声。在山东沂南画像石墓墓门的横额上，刻着一幅战斗图像，交战的双方除了弓箭以外，主要的格斗武器就是环柄刀，配合它使用的防护装备是长方形的盾牌，不论在桥上鏖战的双方步兵，还是从左侧驰来的那些骑兵，都是左手持盾，右手挥刀，生动地表现出西汉初年军队中大量装备的剑和盾，这时已为刀和盾所取代（图 321）。战场上的这一变化，也和东汉时期铁刀制造日趋精良分不开，而精良的长刀又是当时冶铁炼钢技术进一步提高的产物。在考古发掘中不断发现有东汉时期装饰精美的铁刀，河北定州 43 号墓里出土的一把可以算是典型的代表，全刀长 105 厘米，刀身上饰有线条流畅的错金涡纹和流云图案，精美异常。发掘者认为这是熹平三年（174 年）死去的中山穆王刘畅的墓葬，这把精美的错金铁刀可能就是他生前的佩刀。

钢刀的发展

钢刀取代了宝剑的位置，从此走到武器的前列，直到冷兵器时代结束时为止。

即使火器发明以后，钢刀也还是继续在武器的行列中。直到近代，骑兵还是离不开马刀的。南北朝时期一般步兵的标准装备，就是环柄的刀和长盾。河南邓州彩色画像砖墓里的一方画像砖上，刻画着一个骑着骏马、身披两当铠的将领，马后跟随着一个士兵，手里捧着他的环柄长刀，刀环上系着长长的飘带。这一时期对刀的装饰也讲究，把刀环做成各种鸟兽形象。这种把刀环加上各种动物装饰的做法，在汉魏时已经开始，其后极著名的有夏赫连勃勃造的百炼钢刀，为龙雀大环，号曰"大夏龙雀"。朝鲜半岛也受到这种风格的影响，而且可能就是从中国输入的（图 322）。

南北朝以后，钢刀一直是步兵和骑兵主要的武器，在唐代军队的标准装备中，能看到大量的佩刀和陌刀，根本没有剑的踪迹。所以《唐六典》武库令条有刀制而无剑制，其中刀制有四，即仪刀、鄣刀、横刀和陌刀，后两种是部队中的主要武器。"横刀，佩刀也，兵士所佩，名亦起于隋"；"陌刀，长刀也，步兵所持"。到了北宋曾公亮等编修《武经总要》一书时，刀的形制有了进一步的改进，从狭直的长条形方刀头，改成前锐后斜

图 322 朝鲜半岛伽耶钢刀及其柄首

的形状，有护手，并且去掉了那种扁圆的大环和鸟兽饰物，同时出现了各种长柄的刀，有掉刀、屈刀、笔刀等名目。再迟到明代，茅元仪所修的《武备志》一书中，刀制沿袭着《武经总要》，当讲到剑时说："古之言兵者，必言剑，今不用于阵，以失其传也。余博搜海外始得之。"这清楚地表明由于剑这种武器早已从部队装备中淘汰了，以致连茅元仪这样的武器专家都要"博搜海外"去了解它，最后不过在他的书中沿用了《武经总要》的两张图而已。明代名将戚继光在《练兵实纪杂集》的《军器解》中，所列的部队车、马、步器具中，根本没有剑的踪迹，能够继续在实践中起作用的短柄武器，只有腰刀。

走进礼仪——隋唐以降的甲骑具装

隋代的甲骑具装

隋代的甲胄，基本上是继承着南北朝时期的形制，人铠是两当铠和明光铠，主要是使用明光铠。战马则披具装铠。军队的主力，仍旧是人马都披着笨重铠甲的甲骑具装。据《隋书·礼仪志》，大业七年（611年）隋炀帝进攻高句丽时，军队的主力就是骑兵的40队，每10队为一团，都是甲骑具装。"第一团，皆青丝连明光甲，铁具装，青缨拂，建狻猊旗。第二团，绛丝连朱犀甲，兽文具装，赤缨拂，建貔貅旗。第三团，白丝连明光甲，铁具装，素缨拂，建辟邪旗。第四团，乌丝连玄犀甲，兽文具装，建缨拂，建六駮旗。"从这一段记载，可以看出当时骑兵所披铠甲的质料和战马所被具装的质料和颜色是一致的，铁铠配以铁具装，皮甲配以皮具装。从同书《礼仪志》中也可以看到当时铁马具装是和明光甲配合使用的。从而说明三国时出现，南北朝悄然流行起来的明光铠已逐渐取代了两当铠，成为骑兵所装备的铁铠的主要类型。

隋代的马具装铠，基本上和北朝的形制一样，出土有甲骑具装俑的墓葬，有开皇二年（582年）李和墓和开皇三年（583年）刘伟墓，出土的标本所刻画的马具装，结构都较简单。李和墓骑俑所披铠，彩绘出细部，是一种长方形甲片缀成的札甲，自腰以上共有甲片五排，两肩的披膊由较小的五排甲片编缀而成。

隋代的甲胄制度和北朝晚期相比没有什么变化，这种情况，似乎反映隋朝统一全国后，社会上的阶级关系以及军事制度，并没有很大的改变。隋文帝杨坚虽然进行了一些有利于加强中央集权的改革，但是并没有从根本上触动世族地主集团、门阀世族的政治经济势力，部曲佃客荫户制依然保存着。东汉末年以来，门阀豪族拥有武装部曲的情况依然延续着，尤其是炀帝杨广上台以后，世族地主的力量有了更大的发展，反映在军队的组成方面，自然还是像南北朝时一样，以重装的骑兵——甲骑具装为主力。

隋末农民起义沉重打击了世族门阀地主阶级，与此相适应的甲骑具装也衰落了。在唐朝刚刚建立的时候还有一点孑余，例如贞观十三年（639年）段元哲墓出土的标本可以看出面帘、鸡颈、身甲和搭后。这时的具装铠，其基本形制还是沿袭着南北朝到隋朝的形制。随着中央集权的巩固，甲骑具装又出现在墓葬里时，它已经不是部曲私兵的模拟物，而是贵族仪仗的模拟物了。

作为仪仗卤簿的甲骑具装

甲骑具装用于仪仗由来已久，在中国古代，祀和戎是一对孪生兄弟。高级军事装备一般都用于仪仗，甲骑具装也不例外。例如前秦的苻坚，曾经让熊邈"造金银细铠，金为金延以缧之"。南齐的萧宝卷，在临近被推翻时，还骑着披有"银莲叶具装铠"的骏马，上面装着"杂羽孔翠寄生"出入宫门。在这些最高统治者出行仪仗卤簿中，装备着各种华丽的铠甲，后赵的石季龙"左右直卫万人，皆著五色细铠，光耀夺目"。北周的皇帝临朝时，侍卫都披着金甲或银甲，北周武帝孝陵发现的彩绘甲骑具装陶俑，马甲是白色的，可能就是银甲（图323）。隋朝也沿袭着这种制度。连厉行俭朴的唐太宗李世民，关键时刻也还是讲排场的。在他打败了王世充举行凯旋礼

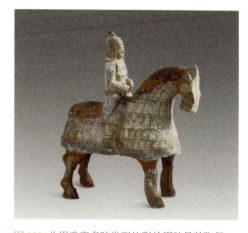

图323 北周武帝孝陵发现的彩绘甲骑具装陶俑

时，他自己就披着金甲，还带着披
着具装的仪卫骑兵。1971年陕西省
乾县懿德太子李重润墓出土113件
铁甲甲骑具装俑，贴金彩绘，非常
精致。马面帘表面贴金，双耳间竖
有叶状金饰，鸡颈、当胸和马身甲
连缀在一起，刻出一排排细密的长
方形甲片，整个下缘都包有朱红色
的宽边，上面饰有彩色的团花纹饰。
搭后也刻出细密的甲片和包有朱红
的宽边、束尾。在鞍后尻部，有原
插寄生的小孔。这种外观华丽的马

图 324 陕西乾县懿德太子李重润墓出土铁甲甲骑
具装俑

具装，不是用于战斗，完全是为了表示统治阶级的奢华和威仪（图 324）。淮安
王李寿墓等高等级唐墓里也有发现，是模拟当时皇宗的仪卫卤簿，也可以说是继
承着唐太宗时的传统。同时，在唐代的卤簿里，已经开始改用各种漂亮的丝织品
制成的"甲"了。

宋代的甲骑具装

到了宋代，由于军队的组织、战略战术等方面的变化，马具装的使用已和南
北朝到隋时大为不同了，但还是军队中所使用的一种防护装备。北宋初年，马具
装有铁质和皮质的，铁质的如铁钢朱漆皮马具装和金钱朱漆皮马具装，到北宋中
期则主要应用皮质的马甲。随后，真宗至英宗时期，军队日益腐败，军事装备的
生产受到一定的影响，当时不作为主要军事装备的马具装，就不受重视了。到了
曾公亮等纂修《武经总要》时，铁质的马具装已经停止了生产，仅生产皮质的马
甲（具装），书中对马甲的总述是："马装则并以皮，或如列铁，或如笏头，上
者以银饰，次则朱漆二种而已。"书中著录的一副马甲，总结了前代的制度，结
构合理而完整，包括了面帘、鸡颈、荡胸（即当胸）、马身甲和搭后五部分，披
在马身上，护住了头、颈和躯干，只有眼睛、嘴、耳朵、四肢和尾巴露在外面（图

图 325 《武经总要》甲骑具装　　　　　图 326 《武经总要》甲骑具装结构复原图

325、326）。这种皮马甲还涂漆，最初涂黑色，以后逐渐改成了朱红色。宋代统治阶级为了讲排场、逞威风，使用丝织品彩绘皮甲更为突出。北宋在太祖赵匡胤以后的几个皇帝，对外苟安求和，对内压榨人民，过着穷极奢侈的生活，出行时的"大驾卤簿"更是力求华丽，人所使用的甲和马的装饰极为奢侈。虽经王安石变法，有过短暂的变化，但到徽宗赵佶时奢侈淫乐更加严重，最后导致了北宋的灭亡，那些华丽的仪仗卤簿就和赵佶本人一起，成了金人的战利品。

　　北宋马具装在日益衰退。此时，北方的契丹和女真族的军队中，马具装的使用是另一种情况。契丹和女真族是尚带有氏族制残余的封建军事政权，这种落后的社会制度和军事组织相联系，就和南北朝时北方各族一样，军队的核心是和氏族制残余有关的重铠骑兵。内蒙古辽应历九年（959 年）驸马墓里出土了大量铁甲片，共重 100 公斤左右，其中有一种上宽下窄的大型甲片，长 10.2 厘米、宽3.5～4 厘米，可能就是马具装上使用的。辽吸收了大量的中原文化，比如内蒙古赤峰地区阿鲁科尔沁旗发掘的宝山辽代壁画墓，有一幅《寄锦图》，其贵妇面容、发髻、服饰和生活习俗和中原唐、五代非常相近。据《辽史·兵卫志》，契丹军队中是装备着铁马甲的。至于女真族，在进攻中原的战争中，还是把重装的骑兵作为军队的核心。女真军队主将金兀术自己就乘骑甲马，他亲统的四千牙兵，皆重铠全装，人披铠，马披具装，号称"铁浮图"。在建炎四年（1130年）四月保卫建康的战役里，宋军也曾缴获金兵马甲293副。

除了上述宋辽金的甲胄材料外，1972年在西夏八号陵发掘中获得了一些铜甲，共有52片，多已残断，有的表面鎏金。甲片的形制基本上与西安曲江池发现的唐代铁甲片一样。这些鎏金的铜甲片，大约是当时西夏王室披用的装饰华美的铠甲，而一般实用铠甲恐怕不是这样子的，军队中也是装备着铁质的铠甲。

盛唐宝马——融汇中外文化因素的唐代骏马

闹装之马与马球舞马

唐朝统治者本身具有很浓厚的北方民族的血统，在血缘上和鲜卑关系最为密切，另外长期和北方的突厥打交道，相互关系密切，所以骑马之风很盛，连贵族妇女都骑高头大马，因此马成了显示等级身份的工具。白居易诗中的"亲王簪闹装"正反映了此种情况。"闹装"，据明胡应麟《少室山房笔丛》卷二一的说法，系"合众宝杂缀而成"，最为华美。唐朝曾规定四品以下官员的"鞍辔装饰""不得用闹装"，可见其受重视的程度。唐代不用特制的当卢，只在马额前、鼻端及两颊上部各装一杏叶金花，形成如杜诗所谓之"马头金匣"。唐代常用角状镳，但"S"形的马镳可能是受突厥的影响。唐代的马不但用于作战，而且还用于娱乐，比如狩猎。山西太原隋代虞弘墓石刻表现了骑射狩猎的场面（图327）。章怀太子李贤墓的壁画上不但表现了狩猎出行，还有西域传入的打马球场面（图328）。这种运动在辽代壁画墓中还有发现，在河北宣化发现的辽代石室墓中，有一幅壁画画了一匹轻骑骏马，马后髡头的童子肩扛打马球的曲棍（图329）。唐马还被严格训练，可以随着音乐起舞，相当于今天的盛装马步表演。张说《舞马辞》描绘了舞马衔杯敬酒，为皇帝祝寿的场面："屈膝衔杯赴节，倾心献寿无疆。"何家村窖藏出土的银壶上有舞马衔杯的形象，生动表现了这一幕（图330）。在内蒙古赤峰地区还发现晚期游牧人"马上封侯"的铜像，为马又赋予了福禄的寓意。

图 327　山西太原隋代虞弘墓骑射石刻

图 328　陕西乾县唐代李贤墓打马球壁画

图 329　河北宣化辽墓壁画童子与轻骑马

图 330　陕西西安何家村窖藏出土金花舞马衔杯银壶

唐代鞍鞯

　　唐代的鞍采用的是"后桥倾斜鞍"，这种鞍可能是突厥于 6 世纪前期在两桥垂直鞍的基础上完善出来的，通常用木制鞍或胎骨。甘肃省庄浪县出土的北魏造像塔上有一匹马具齐备的马，可以看到马鞍几乎没有后鞍桥（图 331）。《唐会要》卷三一所载太和六年（832 年）敕中提到的银装、鍮石装、乌漆装鞍，同书卷三二所载显庆二年（657 年）诏中提到的宝钿并金装鞍，均以木为胎骨。

　　唐代鞍下的鞯一般是用毡子做的，但也有皮毛制作的。《通鉴》卷一九五载，贞观十二年（638 年）十一月，"简飞骑才力骁健善骑射者……乘骏马，以虎皮为鞯"。《新唐书·五行志》："中宗朝安乐公主令尚方以百兽毛为鞯。"西安出土唐代独孤思敬墓出土的斑釉陶马俑及吐鲁番阿斯塔那出土的彩绘泥马俑的鞯上，都画出了清晰的皮毛纹。

　　鞯下有障泥，障泥的出现不晚于三国时期，南北朝时用的是鲜卑的箕形大障泥，

《世说新语·术解篇》说："王武子善解马性，尝乘一马，着连钱障泥，前有水，终日不肯渡，王云：'此必是惜障泥。'使人解去，便径渡。"这里说的障泥便属于此类，因为太长，所以过水时容易沾濡（图 332）。唐代讲究用锦的障泥，并压在鞯下，外露部分较短，就更方便一些了。备好了鞍子的马，如不骑乘，则用鞍袱盖住。

图 331 甘肃庄浪县出土的北魏造像塔中的马具

图 332 南京中央门外幕府出土的瓷马

唐马在鞍后每侧散缀着装饰性的带子若干条，叫作"鞘"。汉代就已经出现装一条花穗的，4世纪的萨珊波斯马上也有，南北朝时开始装多根鞘带，唐代时通行垂五鞘。唐代在鞦带接近马尾的地方还出现跋尘，先是一短带，后来成为一个装饰。五代宋辽时，跋尘加长，并得到装饰（图 333）。

唐代马具中的杏叶及来源

唐代马具中有一些东西也可以看出明显的外来元素，如杏叶，这和攀胸等带子上饰件一样，也是在萨珊波斯马具的影响下产生的。在汉代，相当于杏叶的饰件叫"珂"，《西京杂记》中提到汉武帝时盛饰鞍马，用南海出的白贝壳为珂。汉代马珂的形象，在西安咸阳杨家湾出土的彩绘陶骑马俑上可以见到，其轮廓呈现蝌蚪形，仿佛是一种贝制品。这种形状的珂，在公元前 4 ~ 前 3 世

图333 五代《番骑图》中的马具

图334 俄罗斯阿尔泰地区巴泽雷克巨冢出
土挂毯的骑士像

纪的阿尔泰地区巴泽雷克巨冢出土挂毯的骑士像上也有一例，与杨家湾的珂比较，
两者是如此相似，相互间应当存在着一定的关系（图334）。金属的珂在云南晋
宁石寨山7号墓、广西西林普驮铜鼓墓、古乐浪王根墓（位于今朝鲜）以及诺音
乌拉匈奴墓（位于今蒙古国）中发现过。金属马珂最早的例子可能是公元前9世
纪末图瓦阿尔赞一号大墓所出，是一个卷曲的青铜豹，挂于马胸前。这种饰牌在
图瓦、阿尔泰和哈萨克斯坦比较流行，还有黄金制的。南北朝时期的马珂则可能
是受到萨珊马具的影响。萨珊波斯诸王常制作一种骑马狩猎纹银盘，其上所见之
珂，早期为圆形、扇形，后期则多为叶形（图335）。北齐陶马上有圆形珂，敦
煌290窟窟顶人字披东披壁画上描绘的马具可以看到这种圆形杏叶。唐代多是叶
形珂，显然是受到波斯的影响，或是从鲜卑马具继承下来的。唐代通称马珂为杏叶。
王勃《春思赋》"杏形装金辔"，《宋会要辑稿·舆服·六》"攀胸上缀铜杏叶"，
皆指此而言，唐代杏叶造型优美，式样繁多，除装饰卷草、宝相花等类植物图案
以外，也有铸出鸾鸟、鸳鸯、狮子等动物图案的，其中不乏造型优美的工艺精品。
其质地则有铜、银、鎏金和琉璃镶嵌等多种。唐代的银杏叶有时也简称"银花"。
白居易诗"翩翩白马称金羁，领缀银花尾曳丝"，说的就是垂于马胸前的银杏叶。
缀在鞧上的杏叶又叫压胯，如秦韬玉诗所说："渥洼奇骨本难求，况是豪家重紫骝；
膘大宜悬银压胯，力浑欺着玉衔头。"宋代此物又名"校具"，其纹饰与重量依
乘马者官职的尊卑而有等差。唐代杏叶的纹饰虽然有些可以与之相通，但当时还

图 335　萨珊波斯国王骑马狩猎纹银盘

图 336　缀当卢和杏叶的唐代三彩马

没有如此严密的制度（图 336）。

唐代三花马及渊源

唐代的马鬃有的长鬃披拂，有的经过精心的修剪，留出三垛鬃毛，这样的马叫作三花马。唐代岑参诗曰："紫髯胡雏金剪刀，平明剪出三鬣高。"宋代郭若虚《图画见闻志》卷五"三花马"条说："唐开元、天宝之间，承平日久，世尚轻肥，三花饰马，旧有家藏韩干画《贵戚阅马图》，中有三花马。兼曾见苏大参家有韩干画三花御马。晏元献家张萱画《虢国出行图》中亦有三花马。三花者，剪鬃为三辫。白乐天诗：'凤书裁五色，马鬣剪三花。'"对马鬃毛的修剪很早就有，秦始皇陵兵马俑坑所出陶马，有剪成一花的。汉代空心砖上刻画的骏马已经修剪出二花（图 337）。南北朝至隋代的马俑虽有包鬃的，却未见剪成三花的。然而一到初唐，在昭陵六骏中已出现三花，以后在唐代的绘画和雕塑中，三花马更屡见不鲜。值得注意的是，马鬃剪花的做法在我国本有悠久的传统，《吴子》卷二谈马饰提到过"刻剔毛髭"，大约就包括剪鬃。萨珊波斯马虽然在鬃部剪花，但数目往往不固定。其中剪出的三花都集中在一片台状的高鬃毛上，中亚阿弗拉西阿卜的粟特壁画和我国新疆克孜尔石窟龟兹壁画中也有类似的例子。

图 337 汉代空心砖二花马

图 338 鲜于庭诲墓的三彩俑一花马

　　唐代还有一花马，鲜于庭诲墓的三彩俑就是这样的例子（图 338）。唐代马鬃三花，应当是受了突厥马的影响，甚至可以说这些马就是通过馈赠、茶马互市等途径从突厥得到的。西伯利亚米努辛斯克附近及勒拿河上游希什基诺附近的突厥

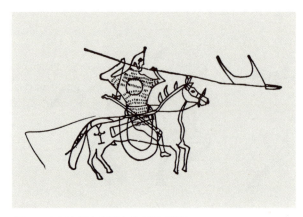

图 339 米努辛斯克岩画上的突厥三花马

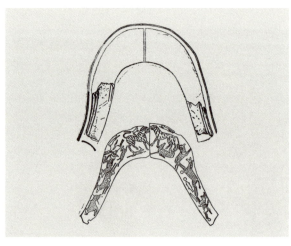

图 340 突厥鞍桥

岩画、楚雷什曼河畔库德尔格的突厥墓地出土石刻及骨鞍桥上所刻的马（约5～7世纪），都是三花马（图 339、340）。

唐代的五花马

唐马似乎还有一种五花马，如杜甫诗"五花散作云满身，万里方看汗流血"、岑参诗"马毛带雪汗气蒸，五花连钱旋作冰"等，这里"五花"不是剪鬃毛，而是指马身上旋毛的纹理。明代张自烈《正字通·日马部》曾引杜甫诗中的"五花马"一词，认为"马鬃剪为五花或三花，象天文王良星也"。看来是误解了句中的五花，应当解释为旋毛。《伯乐相马法》："旋毛在腹下如乳者，千里马。"唐朝李石《司牧安骥集》中收载了《良马旋毛之图》《旋毛论》等图文，反映出当时对马毛纹理的重视。

寄生与云珠

唐马上另一种较特殊的装饰是我国独创的，这就是六朝时兴起的装在马尻上部的寄生。当时的寄生多作植物状，如云南昭通东晋霍承嗣墓壁画中战马的寄生，好像在马上驮着一棵小树。高句丽天马冢壁画中所表现的寄生，则更为高大，按

1.莫高窟285窟西魏壁画 2.邓州南朝墓彩色画像砖 3.朝鲜龙岗郡高句丽双楹冢壁画
4.集安长川1号高句丽墓壁画 5.六安东三十铺隋墓画像砖 6.万州唐墓青瓷俑
（1、5、6装直立支架，2、3、4装蛇形状支架）

图 341 寄生图

比例推算合一人来高，有点喧宾夺主的味道，高句丽、新罗和日本的寄生大都装在从后鞍桥下部伸出的一根弯曲管状物上（图 341）。至隋代，在马尻上部装寄生的位置上出现了一种火珠状的饰件。此物为唐代所沿用并东传至日本，日本古文献中称之为云珠，它是从鲜卑马具网络状带中部的圆座形节约发展来的，在安阳孝民屯 154 号墓中就出现。有些出土的唐马俑上云珠已脱落，只保存着装云珠的孔，著名的懿德太子墓及鲜于庭诲墓出土的马俑上都能看到这种痕迹。

蹄铁

公元前 1 世纪时蹄铁的应用在罗马已较普遍。我国古代兽医著作中，常强调马匹的护蹄，包括烙蹄、研蹄和凿蹄，但没有提到钉马蹄铁。有人从唐诗推测当时已经有了蹄铁，然而唐代马具中还未发现此物。至南宋，赵适《诸蕃志》卷上记大食国的马，当提到"其马高七尺，用铁为鞋"时，似颇觉得新奇，反映出这时我国对装蹄铁的做法还比较陌生，我国普遍采用此物的时间，大约不早于元代。在东北吉林、辽宁两省的高句丽考古遗存中，发现最早不晚于公元 3 世纪末的铁马掌。

昭陵六骏的新发现

著名的昭陵六骏反映了唐初和突厥关系的密切。昭陵六骏是唐太宗昭陵北阙前的六块骏马浮雕石刻，位于陕西省礼泉县九嵕山上。石刻立于唐贞观十年（636年），表现了它们在唐太宗李世民开创唐帝国重大战役中的雄姿。这六骏分别为李世民所骑的"拳毛騧""什伐赤""白蹄乌""特勒骠""青骓"和"飒露紫"。昭陵六骏石刻以统一战争为题材，手法简洁浑厚，造型栩栩如生，是驰名中外的石雕艺术珍品（图342）。1914年，昭陵六骏中的"飒露紫""拳毛騧"被盗运到美国，现藏于费城宾夕法尼亚大学博物馆，其余4块现存于西安碑林博物馆内。

葛承雍以突厥语作为突破口，分析了贞观年间唐帝国通过外域贡马、俘获战马、互市买马和隋宫厩马等四种不同途径进入中原的"胡马"，认为大都来自突厥或突厥汗国控制下的西域诸国。葛承雍还从马种学上分析了昭陵六骏的来源产地，在骏马类型、体质结构、杂交特点及外观造型诸方面缜密论证了六骏中至少有四骏属于突厥马系中的优良品种。通过语源学研究，葛承雍确定昭陵六骏名号也不是中原本土之名。他利用突厥语作为解谜的"钥匙"，考释求证了六骏名号分别为突厥高级官号或表示对人与马赞美的突厥语。唐太宗李世民用突厥语或突厥官号来命名自己的坐骑，不仅仅是为赞扬名品良种的骏马，更重要的是以突厥人赞美英雄、勇士的风俗来纪念和夸耀自己的丰功战绩。此外，葛承雍还对突厥人的

图 342 昭陵六骏

葬俗作了实地调查研究，查证了突厥语言和大量的外文资料，为破译研究唐昭陵六骏提供了可靠的资料。

唐"昭陵六骏"来源的破译，不仅解开了历史之谜，第一次全面诠释了六匹骏马来自突厥汗国及其控制下的西域诸国，也完整地勾画出六骏的马种原型，证明了早在1000多年前，北方草原文化、外来文明已与中原文化相互交流和融合。唐马除修剪鬃毛和身上的毛外，还流行缚尾，缚尾之马在汉画像石中很常见。唐时西方如萨珊波斯等国也采用这种饰马法，这是当时东西方通行的习惯。实际上对马鬃的修剪和束马尾是草原上的传统，在阿尔泰山巴泽雷克挂毯和匈奴、东胡人的金属饰牌上可以看到剪成一花的马和束马尾的习俗。

青出于蓝——轻装骑兵的兴起

轻装骑兵的兴起

农民起义的狂飙，摧垮了隋王朝，也给世族门阀地主以致命的打击。在摧毁佃客部曲荫户制的同时，也铲除了和这一制度联系一起的部曲私兵。千百万农民参加了起义军的行列，"长稍侵天半，轮刀耀日光"，纵横驰骋在各地的战场上。由于这些农民起义军的成分特点，相应的影响到战术和战略的变化，大量的步兵野战，配合以轻装骑兵的突击，形成当时主要的战术。门阀世族地主所依靠的以披着沉重马具装的重装骑兵为核心的部队，被迫退出战争舞台，让位于由大量步兵和部分轻装骑兵组成的野战部队，战术也变得灵活机动（图 343）。

这个变化反映在考古材料方面，就是充斥在南北朝乃至隋代墓葬里的甲骑具装俑也随着部曲私兵的退出，从历史舞台上消逝了。贞观五年（631 年）的淮南靖王李寿墓和中宗即位（705 年）后改葬的懿德太子李重润墓里，都出土有彩绘贴金的甲骑具装俑，全是属于王室的仪仗。这一现象，不但反映出私兵部曲在唐代已消失，而且也反映出与之相联系的以甲骑具装为军队核心的组织结构，转变成以一般农民为主要成分的军队，骑兵恢复了原来轻捷机动的特点，披具装铠的重装骑兵虽然是军队组成的一部分，但已失去南北朝以来的特殊地位了。唐代轻装骑

图 343　唐代骑马射猎绞胎俑　　　　　　图 344　新疆阿斯塔那 206 号高昌左卫大将军张雄
　　　　　　　　　　　　　　　　　　　　　　　　墓中出土的彩绘骑马武士木俑

兵兴起的另外一个原因是突厥的影响。游牧民族"射猎为业，人皆习武"，亦牧亦战，可以在短期内迅速集结大量兵力。游牧骑兵一般都是一兵多马，骑射技术高超娴熟，另外骑兵部队以随军羊马为军粮，后勤压力很小。唐代开国之君李渊在任太原留守时，见识了突厥骑兵"惟恃骑射""风驰电卷"的威力，所以在他统帅的军队中，选出近一半能骑射的精兵给予突厥化的训练，除了骑射，连饮食举止都和突厥一样。起事后，李渊北连突厥，从始毕可汗那里得到一批突厥良马。同时，西突厥的特勤史大奈率部跟从，所以突厥轻骑突击、迂回掩袭等高度机动的战术使唐军所向披靡。李世民就是善于组织轻骑突击，打乱敌人的战斗部署，造成局部优势，进而夺取全局胜利的指挥官。李世民自己乘骑的战马，往往是不披具装的，著名的"昭陵六骏"可为证明。当时军中的主将李世民的乘马不加具装，这又从另一个侧面表现了当时不披具装的轻装骑兵在军队中的地位。在新疆阿斯塔那 206 号高昌左卫大将军张雄墓中出土的彩绘骑马武士木俑，永昌元年（689 年）墓出土的披铠骑俑，所骑骏马都是不加具装的（图 344）。

唐代轻装骑兵的发展及对外的影响

敦煌莫高窟唐代洞窟的壁画里，有不少表现战争的画面，其中所描绘的张议潮出行图中，有成队的武装骑兵，都是人披铠甲、马不披具装的形象（图345）。在《百马图》中可以看到对轻装战马的拴养和训练（图346）。这些材料，也

图345 敦煌156窟张议潮出行图中的武装骑兵

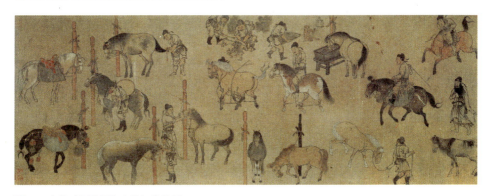

图346 唐代《百马图》中的轻装战马

图 347 中亚银盘上攻击要塞的骑兵

图 348 《卓歇图》中的辽代战马

图 349 辽代的玉马具

图 350 辽代的马具

图 351 辽代的马鞍具

是披具装的重装骑兵衰落的写照。中国的轻装骑兵可能还随着唐代在中亚的活动传到这一地区，在一个银盘上有骑着战马、身披中国式铠甲的部队攻城的场景（图 347）。隋唐以降，操十八般兵器的轻装将军和挥舞大刀的骑兵成为战场上的骨干，他们和持盾操刀枪的步兵一起成为沙场主角。辽代吸取了大量的中原文化，辽代的轻装骑兵继承了唐的传统，也是装备精良。辽的镶玉马具制作非常精美，达到马具制作的高峰（图 348～352）。

图 352 辽代马具综合复原（刘永华复原并绘制）

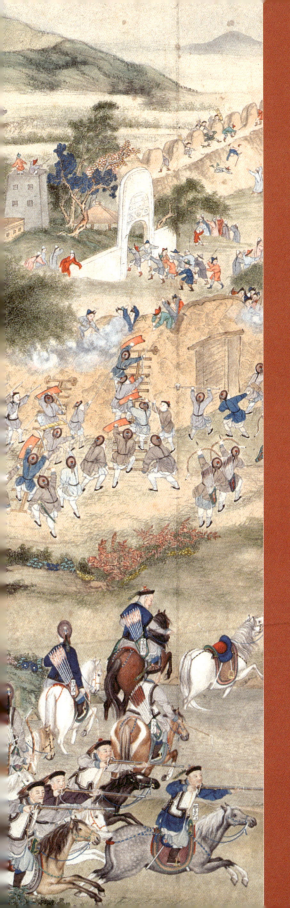

历史的车轮

火药的发明使人类由冷兵器时代进入火药兵器时代，能便捷、持续、精确发射爆炸力强大弹药的枪炮坦克逐步将战车战马淘汰出历史舞台。在热兵器时代，战争的手段变了，战争的危害也更加惊人，范围很容易扩大为世界大战。最终，人类拥有的核武器足以将人类毁灭无数次。人类真的要将战争进行到底吗？我们企望人类能将"兵气销为日月光"，厚德载物，和平相处，共创美好的明天。

战争的革命——枪炮与骑具的终结

火药的发明是中国秦汉时期开始的炼丹术长期发展的结果，从唐代的文献看，至迟在公元 808 年以前，含硝、硫、炭三种主要成分的火药已经在中国诞生。英国著名科学史专家李约瑟曾指出："我们现在则认为，大量无可辩驳的事实证明：中世纪早期的中国人就首先用硝（硝酸钾）、硫磺和碳源之一如木炭制成了这种独特的混合物。"唐哀帝天祐四年（907 年），郑璠攻打豫章城（今江西南昌）时，曾利用"发机飞火"烧毁该城的龙沙门。这一战例一般认为是火药兵器出现的最早战例。宋仁宗赵祯朝（1023 ~ 1063 年）编纂了中国第一部官方主持的兵书——《武经总要》，书中记载了当时军队中装备的火药兵器的名称和性能，并且开列了火药的三种配方。可见北宋军队已经装备有多种早期的火药兵器了。同时也标志着中国古代以火药爆炸的杀伤力而起主要作用的火药兵器已经走上了战争的舞台。这是一个具有历史意义的转变。随着火药兵器的发展，元代出现了具有现代枪械雏形的新式兵器——火铳。13 ~ 14 世纪，中国发明的火药通过阿拉伯人传入欧洲，15 ~ 16 世纪欧洲人制造出了新的火药兵器——佛郎机，后又制造出了红夷炮，这是一种大型火炮。

图 353 明代的大炮

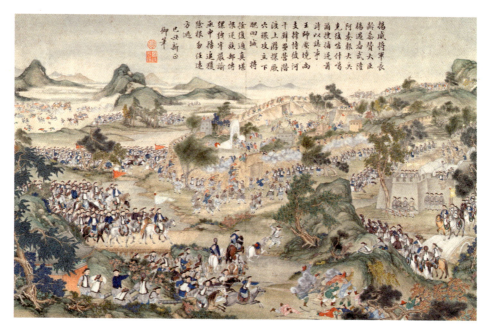

图 354 乾隆时期木版画中冷兵器和火枪的较量（清人绘《平定回疆剿擒逆裔战图册》）

明朝仿制了这两种武器（图 353）。明清时期，由于火药兵器性能的提高和广泛应用，冷兵器逐渐失去战场上的优势地位，而成为辅助性的兵器。乾隆皇帝曾下令让人创作木刻版画，为 1755 年联合蛮族同盟打击敌对游牧部落的战争歌功颂德，这幅画也记录了冷兵器和火枪的较量，同时可以看到，这时战争仍然以骑战的形式进行（图 354）。随着火药兵器的完善，短兵相接变成了壕沟内的对射，战车战马在机枪和火炮声中被彻底送进了博物馆或体育场。战争的形式变了，战争的本质没变，仍然是政治的暴力解决方式，是矛与盾的较量，因此火药时代的战车战马出现了，那就是坦克飞机。

大卫和歌利亚——战争的辩证法

希腊神话中的阿喀琉斯刀枪不入，具有战无不胜的伟力，但是世上十全十美的事少有，他有一个致命的弱点，那就是他的脚踝，所以当他的对手获知这个秘密后，他的结局就是死。中国武侠小说中那些不可一世的江湖顶级高手，练就一身绝世武功，可是他的对手们总在打听他的死穴之所在，一旦秘密泄露，英雄的命也就休矣。所以任何军事神话都有其致命的弱点，是整个链条中最薄弱的所在，如果知道其中奥妙，敌人就立刻土崩瓦解。在这种情况下，英雄知道自己的致命弱点在哪里，这个死穴一般都非常隐秘，所以秘密不泄露就绝对没事。还有一种是对自身优势的盲目自信。《圣经》中的《撒母耳记上》17 章记载了大卫杀死歌利亚的故事，歌利亚依靠他巨大的长矛和刀枪不入的铠甲赢得过多次辉煌的胜利，以致他认为自己真的天下无敌。他向以色列人挑战，要他们挑一个拔尖的勇士和他单独决斗。在他脑海中这个勇士肯定是以色列人中最高大强壮的，一定也是全身披挂。歌利亚相信自己的实力，也相信以色列人没有他那么好的武器和铠甲，以色列的勇士肯定是他的一碟小菜、无谓的牺牲品。决斗开始了，冲到他跟前的居然是一个没有披挂、手拿放羊木杖的毛头小孩。那一刻，歌利亚感觉受到了侮辱，对大卫叫道："你拿杖到我这里来，我岂是狗吗？"但是歌利亚没有注意到大卫没拿棍子的手中有一个甩石机弦，也没想到大卫装在牧羊人口袋中为他预备的五块石头。当他昂首阔步、毫无防备地走上前去的时候，戏剧性的一幕发生了，大卫就用了一块石头就结束了歌利亚的性命，石头正好打入歌利亚头盔下露着的前额（图 355）。新疆和田山普拉战国西汉时期的墓葬中还发现了类似的投石器（图 356）。在这个例子中，英雄并不知道自己的弱点，而且在技术和力量上处于绝对

图 355 大卫和歌利亚

图 356 新疆和田山普拉战国西汉游牧人墓地发现的投石器

优势的地位，这是最严重的，主动权在弱小的对手手中。对手可以调动一切力量，使英雄的死穴暴露。由此看，战车算是歌利亚式的军事力量，可是却有很多薄弱环节，比如马，比如轮子，一旦马和轮子受到伤害，轻则车上的人丧失优势，下到地面上来，重则人仰马翻。甲骑具装看似无敌，一旦马失前蹄，整个马和人就会像乌龟被翻过身一样，束手就擒。就像咸阳北朝瓷甲骑具装俑一样，看似非常坚硬，酸

图 357 陕西咸阳北朝瓷甲骑具装俑

碱不怕。如果你摔它、敲击它，其脆弱性就暴露出来了（图 357）。凶悍的金人骑兵算是令对手望而生畏的军事力量，但是杨家将却用钩镰枪，直砍其马腿，使金人的马上优势丧失。

中世纪的西欧，军队是以重装的骑士为核心，这种重装的"铁甲骑士"是由农奴主担任的，恩格斯指出："在西欧各国，决定这一时期内每次会战胜负的兵种则是由骑士组成的正规重骑兵。"而步兵则是由农奴担任，武器很差，更没有护身的甲胄。所以"骑士的数量不是很多的，我们发现，在多次大会战中，参战的骑士不到 800 ~ 1000 名。但是，他们只要将敌人的重装骑手逐出战场，通常便可对付任何数量的步兵。"以至于"单枪匹马冲入这个没有保护的人群之中乱劈乱杀，这是从头到脚裹以铁甲的骑士的拿手好戏"。在中国古代，中央集权的统一的封建专制国家所拥有的庞大军队，是由农民组成的，当然地主阶级占有各级指挥职务。在军队中，步兵和骑兵同是军队的主力，虽然也有一个阶段使用甲骑具装的重装骑兵形成军队的核心，但是它的成员并不具有像欧洲"铁甲骑士"那样的身份，也不是决定战斗的唯一兵种，所以反映在军队的防护装备方面也就不同了。在古代中国的武器系统中，就没有西欧那种类型的重装骑士所用的铠甲。但是，这绝不意味着军队的战斗力会比欧洲那种"铁甲骑士"低，结论恰恰相反。

瓦尔施塔特战役的案例就可以说明问题。恩格斯是这样描述这一战役的："（蒙古人）于1241年在西里西亚的瓦尔施塔特同波兰及欧洲联军会战。经过长时间的战斗，亚洲人击溃了疲惫的欧洲铁甲骑士。"（图358、359）可见，没有绝对的技术优势，最复杂最牢固的攻防系统也是很脆弱的，不但骄傲导致的轻视会造成情感上的危险性，复杂系统存在的薄弱环节往往不堪一击。这也许就是战争的辩证法之一。

战争的诀窍在于集中优势兵力全歼敌人。恶虎怕群狼，战争的艺术在于避其锋芒，分割敌人，在局部造成兵力和装备的绝对优势，围而歼灭。但是这也不是绝对的法则，军事史上以少胜多的例子也不少，曹操的军力与袁绍的军队相比，从人数和装备都处于劣势，但是由于在战争中，曹操争取了战争的主动权，后发制人，终于取得了胜利。仅从铠甲的数量来讲，两军相差悬殊，据曹操自己讲："袁本初铠万领，吾大铠二十领；本初马铠三百具，吾不能有十具，见其少遂不施也，吾遂出奇破之。"袁绍方面是代表分裂割据的没落大地主阶级，是十足的唯武器论者，他们认为失败是武器不精的缘故。袁绍死了以后，他的儿子袁谭又吃了大败仗，就向他的弟弟袁尚哀喊："我铠甲不精，故前为曹操所败。"曹操和袁谭所说的话，确实形成鲜明的对比。另一个例子，魏嘉平四年（252年）发大军进攻东吴，吴将丁奉引麾下三千人拒战。当时天正大雪，丁奉为了麻痹敌人，命令部下解去所披

图 358 鞍具

图 359 成吉思汗的鞍具

的铠甲，放下长兵器，这样向敌阵接近。曹军将领看到敌人数量少，又赤裸着身子，仅头戴兜鍪，手执短刀，于是麻痹大意，结果曹军大败。居于劣势而解甲裸身的军队，出其不意地战胜了强敌。以上两个例子都说明铠甲的精坚与否，并不能完全影响到具体战役的胜败。世上没有常胜将军，不在战略上藐视敌人，不在战术上重视敌人，不代表先进力量，最终就会失败。

军心民心是胜利之本。金兵在南宋绍兴十年（1140 年）五月进逼顺昌，兀术军队的核心，是他亲自率领人马披铠的重装骑兵，号称"铁浮图"（意为铁塔）的侍卫亲兵数千人。防守顺昌的南宋军民，从兵力、武器装备等方面都处于劣势，但是由于有保家卫国的决心，斗志昂扬，连妇女也磨刀擦枪准备迎敌。结果，取得了大败"铁浮图"的巨大胜利。据《顺昌战胜破贼录》的记载，当时兀术"披白袍，甲马，往来指呼，以渠自将牙兵四千策应，皆重铠于装，虏号'铁浮图'，又号'叉千户'，其精锐特甚，自用兵以来所向无前"。但是，斗志昂扬的南宋军民，先用枪揭去"铁浮图"头上的兜鍪，再用刀斧砍劈，在战斗中甚至"有以手扯者"。结果这支精锐的重装骑兵，"十损七八"，他们装备的重铠，也挽救不了被击败的命运。

由此可见，从短期看，除了装备和兵力外，意志、组织能力和出其不意的智慧是战争取胜的关键因素，但从长期看，正义和民心是最重要的，所谓"得道者多助，失道者寡助"。

人类的红舞鞋——把战争进行到底吗

战争是政治的延续，这最残忍、最丑陋、最可怕的人类利益分配行为，已经被贪得无厌的利益集团打扮成了最刺激的"娱乐游戏"。不管正义还是非正义，只要发生战争，交战双方就没人好受。老子曰："兵者，不祥之器。""师之所处荆棘生焉，大军之后必有凶年。"《吕氏春秋·论威》曰："凡兵，天下之凶器也。"人类一直对战争不满足，就像穿上红舞鞋的少女一样，战争像人类最不能自拔的毒品。虽然知道杀人的武器不是个好东西，可还是乐意沉湎其中。人类为此发明了弓箭，发明了刀枪，发明了战车，发明了骑兵，发明了各种组织人杀人的方法和理论，与此同时，人类也发明了各种各样的甲、头盔和盾，建造了各种防御工事。人类乐此不疲，每次都陶醉在这些发明当中，每次都能为发动一场战争编造正义的理由，从来都把圣贤先知的话当耳边风。当人们发明了火药后，人们发现世间还有如此威力无比的东西，因此人类在这条路上更加"风雨兼程"，一直冲到核爆炸的蘑菇云中才吓一跳，看似聪明实则愚蠢的人类才意识到自己打开了潘多拉盒子，突然发现只要一按电钮，自己创造的炸弹就可以毫不费劲地使地球上的人类同归于尽。在核大战中，没有胜利者，只有全体毁灭。这下人类真的第一次把老子墨子等先贤的话当回事，于是人类在第二次世界大战之后第一次对武器的发展和使用进行集体的自我约束。直到冷战结束，冷战中最可怕的核战争没有发生。但是好景不长，现在最可怕的是，大规模杀伤性武器可能会被不考虑后果、敢于同归于尽的恐怖主义者所掌握。种种迹象表明，这回人类真急了，人类看来第一次对自己的智慧感到后悔了。真希望地球上的人把制造人间地狱的武力像古代的战车战马一样永远留在历史的尘埃中，最终脱下红舞鞋，走出困境。不过，这可能是一个永远无法实现的梦想，人类终究是进化的产物，即使人不是自私的，但人类在整体上做到道德高尚很难。孤独生活在地球上的人类也面临着很多眼前和未来、可知不可知的生存威胁，将来也许还要面对来自外星人的挑战。因此，只能乐观面对，谨慎处之。

构建人类命运共同体——天涯静处无征战，兵气销为日月光

没有敌人，就没有战争，敌人产生了，就要寻找机会消灭。可是敌人在哪里呢？历史学家汤因比认为敌人来自内部无产者和外部无产者，其成因在于一个处在衰落和解体期的文明，出现了与少数统治者离心离德的举动。内部无产者脱离统治者走向反抗的原因是生存的绝望和道德鸿沟。外部无产者不仅在感情上与少数统治者格格不入，而且在地缘上也是有界线的。来自外部的敌人是主要的，也比较容易确定，特别是打到家门口的敌人。有的外部敌人在开战之前，大肆炫耀自己

的军事实力和战争准备，目的在于"不战而屈人之兵"，这种敌人要么真的厉害，只能好汉不吃眼前亏，小心周旋；要么是虚张声势的纸老虎，一戳就泄气。内部的敌人是最麻烦的，除了内部无产者外，最可怕的还有统治阶级内部的阴险的野心家。中国历史上，只有宋太祖杯酒释兵权，较好地解决了这个问题，其他朝代都经历了涉及不同范围和深度的"瓶颈危机"，经过一番腥风血雨的权力争夺之后，才能步入正轨。而在王朝无可救药的时候，往往曾经是互通往来的外部蛮族，变成外部的敌人，给衰败的统治者以大伤元气的打击，接着就是水深火热中的内部无产者揭竿而起，给死而不僵的王朝以致命的打击，最后统治者内部的豪杰打着各种旗号，逐鹿中原，重定一尊。古代社会大洗牌的代价就是人口的锐减，生产力和社会财富的严重折损。用乱世枭雄曹操的诗形容就是"白骨露于野，千里无鸡鸣。生民百遗一，念之断人肠"。总之，哀鸿遍野，饿殍满地。好处就是在长期的动乱中，农牧渔猎工商不同人群得到深度的融合，非常集中和紧缺的土地等各种资源问题获得解决，得以重新分配，新的生产力和生产关系获得孕育的机会。

不论是外部的还是内部的敌人，历史上的敌人往往隐藏战争的准备行动，目的在于发动突然袭击。潜在的敌人往往不知何时何地成为真正的敌人，所以发现敌人是至关重要的。所谓防患于未然。但是问题又来了，人很多时候是神经过敏的，或者是激励自己，本来没有敌人，偏要搞出一个假想敌。而被怀疑的对象，可能本来毫无敌意，由于莫名成为对方的敌人，只得厉兵秣马，未雨绸缪，渐渐地也就成为真正的敌人了。

有时敌人就是自己，敌人是自己造出来的。既然敌人是自己，那我们就要消灭人性中根深蒂固的恶。贪欲是无止境的，世界给予人类可以占有的物质也许有上限，但人类对于精神层面的贪欲可以说没有穷尽，有的人估计真的想做"万世万王之王"，乃至"宇宙之王"，执念于获得所有永恒的荣誉！所以脱离苦厄的途径就是对"贪欲"和"执念"的超越。

这本小书解决不了战争这个大问题，只是在回顾中国古代战车战马的历史中，看到战争可能是人类没有办法的办法。真的希望作为古代战争机器的马车能永远隐入历史的尘埃，回归为出行、礼仪和体育竞技的用具，不再助人杀戮（图 360～362）。曾经有一个士兵说："如果最后一枪能够使世界上的战争结

图 360　郭家庄商代车马坑

图 361　河北安平东汉墓壁画描绘用于出行仪仗的君车

图 362　罗马壁画描绘用于竞技的车

束，那么我希望这一枪打中我的胸膛。"问题的关键是总有人打出罪恶的第一枪，甚至第二枪。全人类马放南山的时代显然还没有到来。"假使希望和平，先应准备战争。"军事著作家韦格蒂乌斯的这句格言可以作为大家的警句。"不战而屈人之兵"不会导致大规模的人员伤亡，花费的只是积极备战的代价，为了确保军事优势的科研和生产还能促进人类的发展。人类的处境就是这样，既然矛盾是贯穿事物发展始终的，并且是推动事物发展的动力，那么我们真的只能驾驭矛盾。看来要真的谋求永久的和平，只有求中庸之道，在积极构建人类命运共同体的共识中既准备迎接非正义的挑战，又求同存异、厚德载物，以人类命运共同体的深切认同来保证世界的和平与发展。在联合国教科文组织总部大楼前的石碑上，用多种语言镌刻着一句话："战争起源于人之思想，故务需于人之思想中筑起保卫和平之屏障。"最后我们用毛泽东写下的《念奴娇·昆仑》作为结束，呼唤人类永久的和平："而今我谓昆仑：不要这高，不要这多雪。安得倚天抽宝剑，把汝裁为三截？一截遗欧，一截赠美，一截还东国。太平世界，环球同此凉热。"

Anthony Barbieri−Low, Wheeled Vehicles in the Chinese Bronze Age(c.2000−741 BC). *Sino−Platonic Papers,* No.99, 2000.

David W. Anthony, *The Horse, the Wheel, and Language : How Bronze−Age Riders from the Eurasian Steppes Shaped the Modern World,* Princeton: Princeton University Press, 2007.

Jeannine. Davis−Kimball, Vladimir A. Bashilov, Leonid T. Yablonsky, *Nomads of the Eurasian Steppes in the Early lron Age.* Berkeley: Zinat Press, 1995.

Katie Boyle, Colin Renfrew, Marsha Levine, *Ancient Interactions: East and West in Eurasia.* Cambridge: McDonald Institute Monographs, 2002.

M.A. Littauer, J.H. Crouwel, *Wheeled Vehicles and Ridden Animals in the Ancient Near East.* Leiden: E.J. Brill, 1979.

Marsha Levine, Colin Renfrew, Katie Boyle, *Prehistovic Steppe adaptation and the horse.* Cambridge: Meconald Institute Monographs, 2002.

Michael Roaf, *Cultural Atlas of Mesopotamia and the Ancient Near East.* Oxford: Equinox Ltd., 1990.

S. Piggott , *The Earliest Wheeled Transport: From the Atlantic Coast to the Caspian Sea.* Ithaca: Cornell University Press, 1983.

林巳奈夫：《中国先秦时代の马车》,《东方学报》1959 年。

藤川繁彦编：《中央ユーラシアの考古学》，东京同成社，1999 年。

相川俊一郎编：《图说世界の历史 1 古代文明の盛衰》，学习研究社，1981 年。

［英］阿诺德·汤因比著，刘北成、郭小凌译：《历史研究》，上海人民出版社，2000 年。

陈大威编著：《画说中国历代甲胄》，化学工业出版社，2017 年。

傅举有：《中国古代车制概论》，《湖南博物馆文集》，岳麓书社，1991 年。

郭宝钧：《殷周车器研究》，文物出版社，1998 年。

林梅村：《古道西风——考古新发现所见中西文化交流》，生活·读书·新知三联书店，2000 年。

刘永华：《中国古代车舆马具》，清华大学出版社，2013 年。

罗小华：《战国简册中的车马器物及制度研究》，武汉大学出版社，2017 年。

石璋如：《殷代车的研究》，《东吴大学艺术史集刊》第 9 期，1979 年。

石璋如：《殷车复原说明》，《史语所集刊》第 58 本 2 分，1987 年 6 月。

孙　机：《中国古舆服论丛》，文物出版社，1993 年。

孙　机：《载驰载驱——中国古代车马文化》，上海古籍出版社，2016 年。

王　巍：《商代车马渊源蠡测》，《中国商文化国际学术讨论会论文集》，中国大百科全书出版社，1998 年。

王海城：《东西方早期马车的比较研究》，《欧亚学刊》（第三辑），2002 年。

王铁英：《马镫的起源与传播》，《欧亚学刊》（第三辑），2002 年。

吴晓筠：《商至春秋时期中原地区青铜车马器形式研究》，《古代文明》（第一卷），文物出版社，2002 年。

吴晓筠：《商周时期车马埋葬研究》，科学出版社，2009 年。

［美］夏含夷：《中国马车的起源及其历史意义》，《温故知新——商周文化史管见》，台北稻禾出版社，1997 年。

扬之水：《诗经名物新证》，人民美术出版社，2015 年。

杨　泓：《中国古兵器论丛》，文物出版社，1985 年第 2 版。

杨英杰：《战车与车战》，东北师范大学出版社，1988 年。

张长寿、张孝光：《殷周车制略说》，《中国考古学研究——夏鼐先生五十年纪念论文集》，文物出版社，1986 年。

赵海洲：《东周秦汉时期车马埋葬研究》，科学出版社，2011 年。

郑若葵：《中国古代交通图典》，云南人民出版社，2007 年。

朱凤瀚：《古代中国青铜器》，南开大学出版社，1995 年。

后 记

　　首先感谢王仁湘先生联系了一个难得的著书机会，并为我命了这个题目，使我可以用很精美的方式叙说中国古代战车与战马的故事。其实我对这个题目仅仅是了解而已，感谢很多中外专家学者的卓越研究，使我能把这个题目完成。这里要特别感谢我的业师，北京大学的林梅村教授。他一直关注古代战车战马问题。他的学生王海城的研究生论文以马车为主题，王铁英以马镫为研究中心。另外在北京大学攻读研究生的吴晓筠也是以中国古代车马器和车马葬为研究题目。由于经常和他们讨论学习，所以我获益匪浅，要是没有这样的熏陶，我是写不出此书的。另外也要感谢中国社会科学院考古研究所资料室提供相关书籍，信息科技中心的袁靖、李淼惠允我使用他们的仪器，同事张蕾热情相助。还有李裕群、赵志军、赵慧民、朱岩石、刘建国、申云燕等诸先生女士都曾伸出相助之手。谨对以上单位和个人表示衷心的感谢！这里我要特别提到本书大量引用的几本书的著者，他们是中国社会科学院考古研究所杨泓研究员、中国国家博物馆孙机研究员和美国普林斯顿大学王海城博士。本人对他们的研究表示敬意和衷心感谢！另外感兴趣的读者可以进一步阅读他们的文章。

补　记：

　　承蒙王仁湘先生推荐，这本小书经过一些校补后，由文物出版社再版发表，这是一件令人欣慰的事情，于此谨向王仁湘先生表示衷心的感谢！也特别感谢文物出版社以及编辑的厚爱和辛勤付出。最后还是要说明一下，这本给公众写的书除了自己的认识外，还引用了权威专家的研究成果，使用了大量考古发现的图片，基本反映了学术界迄今的考古发现和研究成果。这是一座知识的桥梁和专业知识的通俗园地。感兴趣的人可以对古代马、车，特别是战车、战马的发展历史有一个宏观的纵览，获得图文并茂的知识享受。有学术兴趣的，可以根据文后提供的挂一漏万的参考文献，按图索骥，登堂入室，直接汲取最学术的滋养。

郭物

2023 年 4 月

作者简介

郭物，男，1971年2月生于云南昆明。1990年至1999年在北京大学考古系学习，先后获历史学学士学位及硕士学位。1999年至今在中国社会科学院考古研究所工作，其中2002年至2005年于中国社会科学院研究生院考古系学习，获博士学位。现为研究员，博士研究生导师。主要研究新疆考古、欧亚草原考古和中西文化交流考古。现任中国社会科学院考古研究所边疆民族考古研究室主任，新疆队队长。

曾应邀赴美国、俄罗斯、德国、法国、瑞典、日本、韩国、乌兹别克斯坦、土库曼斯坦、土耳其和巴基斯坦参加学术会议和开展田野考古工作。2008年8月～2009年8月为哈佛燕京访问学者。2016年5月，为德国慕尼黑大学亚洲研究所汉学系访问学者。

参加过若干遗址和墓葬的考古发掘工作，主持吉木萨尔县北庭故城和青河县三道海子墓葬及鹿石的发掘。出版了《马背上的信仰：欧亚草原动物风格艺术》《新疆文物的文创元素》和《新疆史前晚期社会的考古学研究》等五部书。发表了《第二群青铜（铁）镞在欧亚大陆的传播》《白虎参宿与欧亚草原》和《翻唇神兽：东方的"格里芬"》等90余篇文章。